OS LIMITES DO POSSÍVEL

CB005316

André Lara Resende

OS LIMITES DO POSSÍVEL

A economia além da conjuntura

Copyright © André Lara Resende, 2013

A Portfolio-Penguin é uma divisão da Editora Schwarcz S.A.

Grafia atualizada segundo o Acordo Ortográfico da Língua Portuguesa de 1990, que entrou em vigor no Brasil em 2009.

CAPA Alceu Chiesorin Nunes
PROJETO GRÁFICO Mateus Valadares
PREPARAÇÃO Silvia Massimini Felix
REVISÃO Huendel Viana e Luciane Helena Gomide

Dados Internacionais de Catalogação na Publicação (CIP)
(Câmara Brasileira do Livro, SP, Brasil)

Resende, André Lara
Os limites do possível : a economia além da conjuntura /
André Lara Resende. — 1ª ed. — São Paulo :
Portfolio-Penguin, 2013.
ISBN 978-85-63560-64-3
1. Crise econômica 2. Crise financeira
3. Inflação (Finanças) 4. Juros 5. Política
econômica 6. Política monetária I. Título.
13-02260   CDD-332.46

Índice para catálogo sistemático:
1. Política monetária : Economia   332.46

1ª reimpressão

[2013]
Todos os direitos desta edição reservados à
EDITORA SCHWARCZ S.A.
Rua Bandeira Paulista, 702, cj. 32
04532-002 — São Paulo — SP
Telefone (11) 3707-3500
Fax (11) 3707-3501
www.portfolio-penguin.com.br
atendimentoaoleitor@portfoliopenguin.com.br

OS LIMITES DO POSSÍVEL

SUMÁRIO

Introdução   9

I. Os limites do possível   21

1. O desafio de nosso tempo   23
2. Limites anacrônicos: governança global e democracia   35
3. O espaço conservador   43
4. Bem-estar e *hubris*   49
5. Atalhos perigosos   61
6. Os rumos do capitalismo   71
7. A propósito do otimismo   85
8. Além da conjuntura   97

II. A crise financeira de 2008   115

9. Em plena crise: uma tentativa de recomposição analítica   117
10. Além da crise: macrodesequilíbrio, credibilidade e moeda reserva   143
11. A crise e o desempenho do sistema financeiro   165
12. O euro e o futuro   177
13. Os novos limites do possível   185
14. Nova realidade, velhas questões   197

**III. A jabuticaba brasileira:
inflação e taxa de juros**   215

15. Em defesa dos títulos de indexação financeira   217
16. Um longo caminho a percorrer   229
17. A taxa de juros no Brasil: equívoco ou jabuticaba?   241
18. A armadilha brasileira   251

Agradecimentos   279
Notas   281

INTRODUÇÃO

QUASE TODOS OS TEXTOS reunidos neste livro foram escritos depois da grande crise financeira que atingiu as economias avançadas em 2008. Procuram entender a própria crise e suas consequências. Mas vão além da crise, além da conjuntura. Introduzem questões que, embora me pareçam fundamentais, continuam ignoradas tanto pela teoria quanto pela política econômica. Os artigos escritos antes da crise já tangenciavam essas questões, temas que passaram a me interessar e preocupar depois da estabilização da inflação no Brasil.

A moeda — e a inflação especialmente — desde cedo despertou meu interesse como economista. Na época em que cursava a graduação da PUC-RJ, na primeira metade da década de 1970, a inflação ainda não era motivo de preocupação. O período de rápido crescimento econômico — que no espírito ufanista do regime militar se convencionou chamar de Milagre Econômico — ainda não havia perdido seu encanto. Foi o primeiro choque do petróleo, em 1973, que trouxe a inflação

9

de volta para o primeiro plano. Até então, embora alta para os padrões internacionais da época, a inflação brasileira estava sob controle. Seus conhecidos efeitos malévolos pareciam ter sido inteligentemente neutralizados pela indexação. A correção periódica e automática dos preços, com base na inflação acumulada desde o último reajuste, à qual se dá o nome de indexação, havia sido introduzida com as reformas do regime militar, entre 1965 e 1968. Em todo o período do pós-guerra, a ameaça da inflação nunca deixou de estar presente, mas a partir do início dos anos 1960 a inflação saiu definitivamente de controle. Sua aceleração foi decisiva para a interrupção da democracia. Com o governo militar, vieram as reformas institucionais, que serviram de base para o período do Milagre Econômico. Roberto Campos e Otávio Gouveia de Bulhões, com a colaboração do jovem e brilhante Mário Henrique Simonsen, foram os coordenadores das reformas econômicas modernizadoras. A introdução de títulos financeiros do Tesouro corrigidos pela inflação, as chamadas Obrigações Reajustadas do Tesouro Nacional — ou simplesmente ORTNs, como ficaram mais conhecidas —, tinha como objetivo viabilizar o financiamento de longo prazo da dívida pública. As ORTNs deveriam ainda servir de referência para o crédito de longo prazo do sistema financeiro, em que atuariam os novos bancos de investimentos e o recém-criado Banco Nacional da Habitação. Mais do que isso, tornaram-se base de referência para o reajuste de todo tipo de contrato, o indexador da economia.

Com a economia indexada, o governo militar deu-se por satisfeito de ter trazido a inflação para perto dos 20% ao ano e declarou vitória. Desistiu de prosseguir, tanto em relação à inflação quanto em relação às reformas institucionais. Sobraram algumas excrecências, como a manutenção de uma relação umbilical entre o recém-criado Banco Central e o ve-

INTRODUÇÃO

lho Banco do Brasil, através da chamada Conta Movimento, à qual fiz referência em "Um longo caminho a percorrer", discurso proferido por ocasião do título de Economista do Ano que recebi em 2006, inserido neste livro. Tratava-se de uma distorção institucional que transformava o orçamento fiscal em ficção e que tirava com uma mão os poderes que dava ao Banco Central com a outra. As inteligentes e pioneiras reformas modernizadoras — que em muitos aspectos estavam à frente até mesmo do que existia nas economias mais avançadas —, interrompidas a meio caminho, deixaram o terreno preparado para a vingança — e que vingança! — da inflação, a partir da segunda metade da década de 1970.

Assisti ao início da aceleração da inflação durante o curso de mestrado da EPGE da FGV do Rio. Aluno de uma nova geração de economistas que acabavam de voltar das melhores universidades internacionais — e depois também de Mário Henrique Simonsen, recém-saído do Ministério da Fazenda —, eu estava bem posicionado para analisar os efeitos de um choque externo — o aumento do preço do petróleo — numa economia indexada, com orçamento fiscal para inglês ver e com um Banco Central sem autonomia. Em seguida, fui fazer o doutorado no MIT, em Boston. Contra a vontade do meu orientador, Rudiger Dornbusch, insisti em fazer uma tese sobre a inflação numa economia indexada. As características próprias do processo inflacionário nessas condições, muito diferentes do que ocorre em economias onde não há indexação, tornaram-se o centro de meu interesse como economista. Ao voltar para o Brasil, fui dar aula na PUC do Rio, uma inserção acadêmica que durante toda a década de 1980 procurei compatibilizar, a duras penas, com meu trabalho no Banco de Investimentos Garantia. A dupla exposição profissional, na universidade e no mercado financeiro, mais uma vez deixou-me em posição de expectador privilegiado do processo de inflação crônica numa economia indexada.

Convencido de que a indexação alterava de forma substantiva o processo inflacionário, dediquei-me com afinco à tarefa de compreender — e tentar divulgar — por que a política monetária tradicional era incapaz de ter sucesso no combate à inflação brasileira. Para isso contei com o grupo privilegiado de colegas, professores e alunos, do Departamento de Economia da PUC carioca. Depois de muita frustração, o esforço foi finalmente recompensado com o sucesso do programa de estabilização do real.

Não faço menção ao período da inflação crônica, hoje distante, ao qual a virada do século contribuiu para dar um toque de passado longínquo, por qualquer vestígio de saudosismo. Ao contrário, até hoje sinto certo cansaço sempre que volto aos textos e às discussões daquela época. Faço-o porque sinto que a vitória sobre a inflação no Brasil foi um marco divisor. Não me refiro a um marco na história — deixemos o julgamento para a posteridade isenta —, mas em minha vida. Meus interesses e preocupações mudaram, levaram-me aos temas dos artigos reunidos neste livro. O artigo sobre os títulos com indexação financeira, uma particularidade brasileira introduzida quando eu era diretor do Banco Central no final da década de 1980, incluído aqui é uma exceção. Sempre malvistos, especialmente pelo sistema financeiro, acusados de enfraquecer a política monetária, os títulos de indexação financeira resistem até hoje à tentativa de substituição. Compreender o papel das Letras Financeiras do Tesouro (LFTS) parece-me um elo importante entre a economia brasileira atual e a da inflação crônica.

Há uma grande diferença entre pensar e debater um problema objetivo, específico — como a inflação, que preocupava a todos e dominava o noticiário até o fim do século passado —, e

INTRODUÇÃO

refletir sobre os temas aqui tratados. Meus interesses e objetivos eram uns até o real e outros desde então. Por que e para quem se escreve não são perguntas que nos fazemos quando somos jovens, temos uma questão candente a tratar, um entendimento diferente do convencional e estamos convencidos de que temos as respostas. Sentimo-nos numa cruzada intelectual para a qual precisamos estabelecer alianças, conquistar posições e muitas vezes fazer concessões. Não estamos sós, temos aliados, adversários, e a linha entre eles nos parece bem demarcada. Nada como aliados, adversários e objetivos para nos motivar, para delinear nossa identidade, para saber por que escrevemos e debatemos. Só mais tarde vim a compreender, com alguma surpresa, que essa atividade está mais próxima da política — com os apelos e os inconvenientes da política — do que da prática intelectual.

Os textos aqui reunidos fazem parte de outra época. A certa altura, perdi o interesse pelos temas econômicos do dia a dia, pelo noticiário de economia. Num primeiro momento, achei que o cansaço e a falta de interesse se limitassem à política econômica e ao jornalismo econômico. Pareceu-me ter chegado a hora de voltar à teoria, de fazer uma nova imersão acadêmica. Logo me dei conta de que não: o desinteresse era mais profundo. A teoria macroeconômica tinha se tornado campo menor da matemática aplicada, um pequeno jogo repetitivo de introduzir restrições arbitrárias, num modelo conceitual de referência, para tentar explicar disparidades óbvias entre o modelo e a realidade. Passei a me considerar um ex-economista. Foi quando recebi a notícia de que havia sido eleito o economista do ano, pela Associação Brasileira de Economistas. Genuinamente surpreso, vi-me na obrigação de fazer um balanço e tentar alinhavar as questões que me pareciam relevantes à frente, pensar além da conjuntura. "Um longo caminho a per-

13

correr", discurso proferido por ocasião do prêmio, foi incluído na última seção do livro, onde estão reunidos os artigos que tratam mais especificamente da economia brasileira. Relido hoje, parece-me fazer a ligação entre as questões do Brasil da inflação crônica e os temas mais atuais, abordados pelos artigos das duas outras seções do livro.

Minha volta à economia deveu-se à crise financeira internacional de 2008. No final de 2006, num seminário na Casa das Garças, no Rio de Janeiro, Nouriel Roubini, professor da Universidade de Nova York e consultor internacional, fez uma ousada previsão: o sistema financeiro americano entraria em colapso e levaria a economia a uma recessão que atingiria toda a economia mundial. Foi taxativo: uma bolha especulativa, cujo centro era o mercado imobiliário americano, mas que se alastrara para todos os tipos de ativos, já se encontrava em estado avançado e estava prestes a explodir.

Fazer previsões num ambiente acadêmico é falta grave. Embora os responsáveis pela política econômica, os empresários, o jornalismo e o público em geral gostem de previsões e considerem dever dos economistas fazê-las, todo economista bem formado sabe que o futuro é imprevisível, que ao bom profissional só cabe mapear o espectro das possibilidades. Roubini foi mais longe: deu data para a crise, que segundo ele deveria implodir até o final de 2007. Apesar do relativo descrédito com que foi recebida pela plateia, a análise de Roubini pareceu-me convincente.

Alguns meses depois, no início do verão europeu, fui à festa de aniversário e inauguração do belo apartamento de um amigo em Madri. Bem sucedido gestor financeiro, morou muito tempo em Nova York, onde ainda mantinha um escritório, apesar de radicado havia anos na Europa. Entre os presentes, encontrava--se um jovem casal de Nova York, a quem o aniversariante fez

INTRODUÇÃO

questão de que eu fosse apresentado. Em poucos minutos de conversa — frívola, como convém a festas — o casal deixou claro que eram proprietários do kit completo de extravagâncias dos grandes ricos. Como ela era filha de brasileira, procurei saber melhor quem era o casal. Fui informado de que ele trabalhava com o pai dela, o maior distribuidor dos fundos de Bernard Madoff. Não me lembrava de Madoff, mas conhecia bem o pai dela. No final da década de 1980, estive com ele em Nova York, numa viagem preparatória para abrir a gestora de recursos do Garantia. Ele me recomendou os fundos de um talentoso gestor, de quem era vizinho em Connecticut, cuja estratégia era baseada em opções no mercado secundário de ações. Apesar do esforço, ele não conseguiu me explicar do que se tratava. Marcou um almoço para que o próprio gestor pudesse me explicar, mas o vizinho, muito atarefado, não compareceu. Diante da ausência do convidado, meu anfitrião, supostamente com o dever de casa feito, tentou mais uma vez me explicar do que se tratava. Só uma coisa ficou clara: ele era de uma ignorância inusitada, não apenas sobre a estratégia do vizinho, mas também sobre os princípios mais básicos de economia e finanças. Pois bem, esse mesmo limitado senhor era o sogro para quem trabalhava o jovem a quem eu acabara de ser apresentado. Surpreso, perguntei ao meu amigo aniversariante de onde vinha a fortuna do casal. Quase indignado com minha ignorância, disse-me que o pai dela era riquíssimo. Não pude deixar de demonstrar espanto. Sempre soube que a correlação entre dinheiro e competência era mais baixa do que se supõe, mas nunca acreditei que alguma competência pudesse ser dispensável. Ao sair da festa, no caminho de volta para o hotel com minha mulher, pelas calçadas na noite clara de Madri, lembrei-me da análise de Roubini. Para uma plateia bem mais condescendente, é verdade, não hesitei em fazer uma previsão: acabamos de sair do Baile da Ilha Fiscal.

15

Logo em seguida, no início do segundo semestre de 2007, os mercados financeiros deram os primeiros sinais do que se transformaria na grande crise financeira de 2008. O artigo "Em plena crise: uma tentativa de recomposição analítica" foi escrito em dezembro de 2008, depois da quebra do Lehman Brothers, o momento culminante da crise. Ao apresentá-lo no seminário de final de ano na Casa das Garças, lembro-me — porque Pedro Malan não me deixa esquecer — de ter dito que a conjuntura nunca tinha sido tão pouco conjuntural. Estava evidente que não se tratava de apenas mais uma crise cíclica, e sim de algo mais profundo, que pegou de surpresa a grande maioria dos analistas e, sobretudo, deixou à mostra o hiato entre a realidade e a teoria como vinha sendo praticada. Ficou claro que a formalização excessiva havia engessado de tal forma a teoria econômica que a tornara estéril. Preocupada exclusivamente com sua própria lógica, autorreferenciada, a macroeconomia havia perdido a capacidade de servir de instrumento de compreensão da realidade. Realidade que, sempre fluida, ao sabor das circunstâncias, não tomou conhecimento de que uma "Grande Moderação" havia sido decretada pela nova escolástica econômica, seguiu em frente e desembocou na crise de 2008.

O artigo "A crise e o desenho do sistema financeiro" foi escrito ainda no início da crise, como parte do esforço do grupo de economistas associados ao Instituto da Casa das Garças, liderados por Edmar Bacha e Dionísio Dias Carneiro, para compreender a evolução dos acontecimentos. Dois outros textos, "Além da crise: macrodesequilíbrio, credibilidade e moeda reserva" e "Nova realidade, velhas questões", continuam a examinar a evolução da crise, os dilemas e riscos associados à nova política dos bancos centrais, que levaram as taxas de juros nominais para perto de zero e inflaram seus balanços em proporções nunca vistas. Como a economia, ainda assim, não recuperou o ritmo anterior à crise, o objetivo agora parece ser o de criar expectativas de inflação para ter taxas de juros reais negativas. Baseado na experiência dos países, como o Brasil, que experimentaram alta inflação e repressão financeira, com juros reais negativos, o resultado pode ser profundamente desorganizador. O artigo que inspirou o título do livro, "Os novos limites do possível", incluído entre os que tratam da crise de 2008, procura examinar as eventuais restrições, impostas pela nova realidade, para a superação da crise.

Dois dos artigos da última seção, "A taxa de juros no Brasil" e "A armadilha brasileira", voltam a examinar a economia brasileira, e em particular as altíssimas taxas de juros que persistiram por mais de uma década depois da estabilização da inflação. Como todos os textos aqui reunidos, o primeiro é menos técnico, em princípio, acessível ao leitor não economista de formação. O segundo, que procura responder a algumas das críticas e comentários levantados pelo primeiro, é mais técnico, provavelmente o texto a ser deixado de lado pelos que não têm formação específica de economista.

São os artigos reunidos na primeira seção do livro que introduzem uma preocupação nova: o crescimento, objetivo principal da teoria e da política econômica, pode ter deixado de fazer sentido. Até o último quarto do século xx, crescer e enriquecer eram objetivos inquestionáveis. Hoje já não são. Primeiro, porque os limites físicos do planeta começam a dar sinais de que podem estar próximos. Segundo, porque o extraordinário crescimento e a riqueza criada nos últimos dois séculos resultaram num ganho de bem-estar muito aquém do que se poderia esperar. A desigualdade persistente, o consumismo desenfreado, o alto endividamento público e privado, a invasão do Estado sobre todas as esferas da vida, os impostos abusivos, a percepção generalizada de que a vida contemporânea é exaustiva, compõem um quadro desalentador, muito diferente do que imaginaria alguém que, no início do século xx, tentasse descrever como seria a vida, um século depois, uma vez atingido o nível de renda e riqueza do mundo contemporâneo.

O mal-estar da modernidade, a civilização e seus descontentes não são temas novos. Pelo contrário, desde o final do século xix, analistas argutos, como Max Weber e Karl Marx, depois Freud, Ortega y Gasset e a Escola de Frankfurt, ainda nas primeiras décadas do século xx, e posteriormente Leslek Kolakowski, entre muitos outros, chamaram a atenção para as tensões e incoerências da moderna sociedade de massas. A teoria econômica, entretanto, na tentativa de mimetizar o formalismo das ciências exatas, da física especialmente, nunca tomou conhecimento do que era discutido em outras áreas das humanas. Impávida, jamais questionou o crescimento como objetivo último da atividade econômica. A hora parece-me ter chegado.

Não que seja fácil substituir a criação de renda e riqueza como objetivos primordiais da atividade humana. Não há alternativa clara. Nenhuma das propostas é tão facilmente quantificável e o aumento da renda e da riqueza continuam sendo, evidentemente, objetivos importantes. Mas é preciso pensar, tentar escapar dos limites estreitos que a teoria econômica se impôs. Os textos da primeira seção — dentro dos limites ainda mais estreitos de minha competência — procuram fazer justamente isso.

Ao nos aventurar por caminhos desconhecidos, quando deixamos de respeitar as fronteiras estabelecidas de nossa especialidade, somos tomados por um sentimento contraditório. Por um lado, um receio, a sensação de solidão, de que estamos abandonando a segurança do conhecido para nos lançar pelo desconhecido. Por outro lado, uma euforia, a impressão de liberdade, a sensação de que, se não nos perdermos pelo caminho, as possibilidades são infindáveis. Ainda que se esteja convencido de que não há alternativa, é mais difícil do que se poderia supor. As forças coercitivas do hábito e das referências não podem ser subestimadas. Como em todas as esferas da vida, ao pensar e escrever, sofremos pressão para tomar partido e trilhar caminhos já percorridos. Ao deixar claro de que lado se está, além de contar com o apoio dos alinhados, facilitamos o entendimento dos que nos leem. Sem alinhamento automático, corremos o risco de criar perplexidade e até mesmo de provocar irritação. Ocorre que — como observou com propriedade Leslek Kolakowski — quando hipotecamos nossas fichas intelectuais a um dos lados, aprisionados a uma armadilha dogmática, ficamos impossibilitados de resgatá-las. O preço para escapar dessa armadilha é o risco de ser taxado de contraditório, de irritar a torto e a direito, alienar os aliados e perder o leitor. Infelizmente, não há alternativa. Refletir é apontar os dilemas, muitos deles desagradáveis e insolúveis, que se apresentam toda vez que tentamos ser coerentes ao tratar de economia, política e sociedade. O intelectual, ao contrário do político, do catequizador e do dogmático, não tem respostas. Pensar só nos leva a mais pensar, a formular perguntas que nos levam a mais perguntas. Pode parecer frustrante, mas é a única forma de compreender. Termino citando mais uma vez Kolakowski: "Pretendemos ser caçadores de tesouros na floresta, mas nossos recursos se esgotam na tentativa de escapar das emboscadas. O eventual sucesso é precisamente ter escapado das emboscadas. É um sucesso, sem dúvida, mas não aquele que buscávamos". Espero não perder o leitor pelo caminho.

I
Os limites do possível

1
O desafio de nosso tempo[*]

1

O CRESCIMENTO SEMPRE FOI o objetivo da política econômica. A teoria associa o crescimento ao aumento da renda e do bem-estar.

Até muito recentemente, utilizar o crescimento como o objetivo primordial de uma economia bem administrada não merecia maiores explicações. O aumento da renda nacional estava de tal forma associado a uma vida melhor que não era preciso introduzir indicadores de bem-estar entre os objetivos da política econômica. Se a economia crescesse e a renda aumentasse, todos os demais indicadores de bem-estar as acompanhariam. Tão alta era a correlação entre o crescimento e o aumento de bem-estar que não se perdia grande coisa ao simplificar a análise e definir o crescimento como o objetivo da política econômica. Como crescimento econômico é um conceito simples

---

[*] Publicado no *Valor Econômico*, 28 jan. 2011, sob o título "Desigualdade e bem-estar".

e as estatísticas da renda nacional estão disponíveis, é uma grande vantagem, tanto teórica como empírica, utilizá-lo como a variável-objetivo da teoria e da política econômica.

Diante da evidência de que o dano da atividade econômica sobre o planeta se aproxima do limite do tolerável, a identificação do crescimento econômico com o aumento do bem-estar tornou-se obrigatoriamente questionável. Não será possível continuar a crescer no ritmo atual da economia mundial sem tornar a vida na Terra, da forma como se vive hoje, intolerável.

Transformar a preservação ambiental num objetivo em si, como tão frequentemente se vê, entre grupos mais aguerridos de críticos do crescimento econômico, não é uma resposta aceitável. O desafio de continuar a elevar a qualidade de vida, o bem-estar, de uma forma sustentável — palavra que se tornou um horrível lugar-comum — se mostra tão relevante como sempre foi. Assim como a imposição de sacrificar a contínua melhora da qualidade de vida em nome dos limites ecológicos parece irrealista, mais irrealista ainda, absurdo mesmo, é imaginar que a mera incorporação do neologismo "sustentável", aposto a crescimento, a consumo ou ao que quer que seja, nos permitirá seguir o curso do aumento dos níveis de consumo observados no século passado. Se formos necessariamente obrigados a crescer e a enriquecer para continuar a melhorar a qualidade de vida, estaremos diante de um impasse, pois é evidente que não será mais possível crescer, enriquecer e sobretudo consumir, nos padrões de hoje, por muito mais tempo, sem esbarrar nos limites físicos do meio ambiente. Será preciso encontrar outra forma de continuar com a melhora progressiva da qualidade de vida que não dependa do crescimento econômico ou, especialmente, do aumento do consumo.

Mas é possível melhorar a qualidade de vida sem aumentar os níveis de consumo? É possível melhorar a qualidade

O DESAFIO DE NOSSO TEMPO

de vida sem crescer? A resposta não é simples nem evidente. Entretanto, há indícios de que a partir de um determinado nível de renda a correlação entre crescimento e bem-estar se enfraquece. Até um determinado nível de renda, a melhora da qualidade de vida é indissociável do crescimento econômico. Não há como melhorar a qualidade de vida de comunidades excessivamente pobres sem aumentar sua renda, mas a partir de um patamar mínimo, capaz de assegurar as necessidades básicas, o aumento da renda não está necessariamente associado à melhora da qualidade de vida. Mais renda nem sempre significa mais bem-estar. O debate no plano individual — riqueza garante ou não garante felicidade? — pode não estar resolvido, mas, no plano social, parece que sim: a partir de certo nível, riqueza não garante qualidade de vida.

Ainda que se dê o devido desconto ao saudosismo, à natural tendência de romancear o passado, não há como negar, por exemplo, o efeito deletério do crescimento econômico sobre a qualidade de vida, com seu impacto sobre o trânsito em particular. Pode-se sempre argumentar que o problema não é o crescimento propriamente dito, e sim o automóvel, as grandes aglomerações urbanas, o estilo de vida — mais que o enriquecimento diretamente —, que reduzem a qualidade de vida. Correto, mas crescimento e enriquecimento são hoje indissociáveis do estilo consumista que, a partir de um certo ponto, contribui para a redução do bem-estar.

2

Dois médicos infectologistas ingleses, Richard Wilkinson e Kate Pickett, no livro *The Spirit Level* [O nível do espírito], publicado em 2010, organizam as evidências e chegam a conclusões que, se não totalmente contraintuitivas, surpreendem pela amplitude de seus resultados: a partir de um nível de renda, a redução das desigualdades contribui mais para o bem-estar que o crescimento. No limite, a desigualdade é evidentemente detratora do bem-estar, até mesmo dos mais afortunados, como demonstra o aumento da criminalidade, a necessidade de viver confinado em condomínios fortificados e se locomover em carros blindados, cercados de seguranças particulares. Mas não é óbvio que a redução da desigualdade, mesmo longe dos extremos, contribua para o aumento do bem-estar. É, entretanto, o que afirmam de forma peremptória Wilkinson e Pickett.

O trabalho é fruto de anos de estudos dedicados inicialmente a entender as diferenças de saúde, medidas por expectativas de vida, entre grupos de diversos estratos nas sociedades modernas. O foco inicial era compreender por que a saúde piora a cada degrau inferior na escala social. Como infectologistas, utilizaram a metodologia dos que trabalham com os determinantes sociais da saúde para explicar por que alguns grupos são mais propensos a certas doenças que outros, ou por que algumas doenças se tornam mais frequentes em determinados grupos. Perceberam que poderiam generalizar o método para compreender não apenas questões ligadas à saúde física, mas também à saúde emocional e a outros determinantes da qualidade de vida, do bem-estar ou da felicidade. Ora, melhorar a qualidade de vida, ou aumentar o bem-estar, é o objetivo da atividade econômica. Por se tratar de uma variável com um grande coeficiente de subjetividade, sua mensuração exige a coleta de dados sobre múltiplas dimensões da vida de uma população. Até algumas décadas atrás isso não era factível e, portanto, os dados não estavam disponíveis. A utilização do crescimento econômico como o objetivo primordial da atividade econômica, como um "proxy" para o bem-estar, além de não sofrer séria contestação teórica, era uma imposição da prática. Não mais. Os avanços da tecnologia e os esforços de pesquisas sociais das últimas décadas criaram um formidável banco de dados acessível a todos.

3

A primeira constatação é que o crescimento econômico, por tanto tempo o motor do progresso e da melhora de vida, já não o é mais. A expectativa de vida aumenta com a renda per capita nos países pobres, mas a partir de um determinado nível — acima do qual já estão todos os países latino-americanos, por exemplo — já não há mais aumento da expectativa de vida com o aumento da renda. Não porque a expectativa de vida tenha atingido o limite fisiológico, pois ela continua a se elevar para todos com o passar do tempo e a melhora tecnológica; apenas não há mais correlação observável entre nível de renda do país e a expectativa de vida.

Saúde e longevidade são excelentes indicadores de bem-estar, mas não esgotam, é claro, os componentes determinantes da qualidade de vida e da felicidade. Estudos recentes que procuram correlacionar felicidade com o nível de renda chegam a resultados semelhantes aos encontrados para a expectativa de vida: a felicidade aumenta com a renda, mas só até um determinado nível, a partir do qual, assim como para a expectativa de vida, o aumento da renda não tem mais efeito. A expectativa de vida deixa de estar associada ao aumento da renda antes da percepção de ser feliz, mas os dois indicadores de qualidade de vida se tornam igualmente insensíveis ao aumento da renda a partir de certo ponto.

A evidência de que o aumento da renda torna-se incapaz de melhorar a qualidade de vida pode ser constatada tanto, num determinado momento, entre países de diferentes níveis de renda quanto para um mesmo país ao longo do tempo. O que não chega a ser de todo surpreendente, pois, à medida que se tem mais, a gratificação adicional — ou marginal, como gostam de dizer os economistas — torna-se decrescente. A contribuição marginal da renda de uma sociedade para o bem-estar e a felicidade de sua população torna-se praticamente insignificante a partir do ponto em que as necessidades básicas estão satisfeitas. Países pobres se beneficiam extraordinariamente com o crescimento econômico e com o aumento da renda, mas a partir de certo ponto o aumento da renda tem resultados decrescentes, que se tornam muito rapidamente nulos, em relação à melhoria da qualidade de vida.

4

O que então explicaria o aumento da qualidade de vida a partir do patamar mínimo de renda que a grande maioria dos países já atingiu? Qual o fator mais importante para a melhoria do bem-estar nos países que já saíram da pobreza absoluta? Segundo *The Spirit Level*, a resposta é uma só: a redução das desigualdades. A melhor distribuição de renda é o fator determinante da melhora da qualidade de vida, do bem-estar, da felicidade de um país.

Sempre se soube que a redução das desigualdades é desejável. Não a qualquer custo nem necessariamente através da intervenção desastrada do Estado, protestarão os que acreditam que a igualdade de oportunidades é mais importante que a igualdade de resultados, que defendem que não se deve sacrificar o sistema de estímulos da meritocracia em nome do ideal igualitário. De toda forma, uma melhor distribuição de renda, embora o tema tenha saído de moda na discussão teórica, sempre esteve entre os objetivos da boa política econômica. A incontestável vitória do capitalismo de mercado como sistema produtor de riqueza explica, em grande parte, a perda de importância do tema da distribuição de renda, apesar de nos países centrais, especialmente nos Estados Unidos, ter havido uma significativa deterioração da distribuição de renda nas três últimas décadas. Nos países em desenvolvimento, como no caso do Brasil, onde a desigualdade sempre foi e ainda é extraordinariamente alta, a ênfase no esforço de redução das desigualdades deslocou-se para a elevação do poder aquisitivo das camadas mais pobres da população. O capitalismo competitivo tornou-se indissociável, ao menos na imaginação pública, de um sistema que exige grandes vitoriosos. Incensados pela mídia, os novos ricos, milionários, bilionários, são promovidos a ícones da prosperidade recém-descoberta, modelos das novas possibilidades acessíveis, em tese, a todos que possuam espírito empreendedor. O fato é que, justificada ou injustificadamente, a equanimidade é hoje percebida como incompatível com o sistema de mercado competitivo. A pujança geradora de riquezas do capitalismo não apenas exigiria a tolerância com a existência de extraordinariamente ricos, mas também dependeria deles como elemento indispensável de seu sistema de incentivos. Desde que os muito pobres deixassem de ser muito pobres e tivessem acesso a um nível de vida minimamente condizente com as necessidades essenciais de nosso tempo, a existência de uma péssima distribuição de renda não deveria ser motivo de preocupação. Ao contrário, se as oportunidades fossem igualmente acessíveis, a existência de remediados, ricos, muito ricos e riquíssimos apenas refletiria o sistema de incentivos e premiação indispensável ao bom funcionamento do capitalismo competitivo.

Deixemos de lado, por um momento, a questão de se o sistema de mercado competitivo exige uma má distribuição de renda. O fato é que numa sociedade iníqua, onde a distribuição de renda é excessivamente desigual, independente de seu nível de renda, é uma sociedade na qual o nível de bem-estar é inferior ao de uma sociedade mais equânime, em que a renda é mais bem distribuída.

Nada de novo, exclamarão alguns. Uma sociedade onde há menos pobres é uma sociedade mais feliz. Sim, mas atenção: não porque os pobres são menos pobres e, portanto, mais felizes. Estaríamos de volta à correlação entre riqueza e bem--estar. O ponto crucial do argumento é que independente do nível de renda, a pobreza relativa contribui para a perda de bem-estar. Infelicidade está associada à renda, mas também à renda relativa.

5

A evidência dos estudos feitos nas últimas décadas, em universidades e institutos de pesquisa espalhados pelo mundo, sugere que todos os possíveis indicadores de bem-estar, sejam eles relativos à saúde física e mental ou a questões sociais, como delinquência juvenil, gravidez adolescente, desempenho escolar, criminalidade, entre outros, estão invariavelmente correlacionados com o nível de desigualdade social.

Wilkinson e Pickett utilizaram dados para cinquenta países ricos da OCDE e também para os cinquenta estados americanos. A desigualdade de renda está associada à piora de todos os indicadores de bem-estar. Maior desigualdade está correlacionada com menor expectativa de vida, maior incidência de doenças físicas e mentais, maior taxa de homicídios, maiores índices de delinquência juvenil, de gravidez adolescente, maior percentual da população encarcerada, maiores índices de estresse e obesidade, maior índice de crianças que abandonam a escola, piores índices de aprendizado escolar. A lista é impressionante, mas não são apenas os indicadores objetivos e quantificáveis de bem-estar que estão negativamente correlacionados com a desigualdade. Também medidas com maior dose de subjetividade — como a sensação de felicidade ou o grau de confiança nos outros, determinados através de questionários em que diferenças culturais, até mesmo sobre o dever de se declarar feliz, por exemplo, poderiam mascarar os resultados — são fortemente correlacionadas com a desigualdade.

Todos esses indicadores, como era de se esperar, são invariavelmente piores para os estratos mais pobres da sociedade. Esta é uma das razões que nos leva a inferir que o aumento da renda levaria a uma melhora do bem-estar em todas as camadas da população. Mas não é o que ocorre. Os indicadores de bem-estar continuam muito piores para os mais pobres, independente do nível médio de renda da sociedade, porque não é a baixa renda absoluta, mas sim a baixa renda relativa, que reduz a saúde e o bem-estar. Não é o fato de ser pobre que faz alguém infeliz, mas o fato de ser mais pobre que seus pares.

Há algo profundamente corrosivo na desigualdade. O crescimento econômico, nas sociedades onde existe grande desigualdade, não aumenta o bem-estar; ao contrário, substitui as doenças e as dificuldades da pobreza absoluta pelas doenças e as infelicidades da riqueza material. Nas sociedades desiguais, o crescimento transfere para os pobres as doenças anteriormente associadas aos ricos, que se tornam muito mais frequentes nos pobres que nos ricos.

Os indicadores de bem-estar permanecem sempre piores para os pobres que para os ricos, em qualquer nível de renda, mas o ponto fundamental é que uma desigualdade maior piora tanto a qualidade de vida dos pobres como a dos ricos, qualquer que seja o nível médio de renda de uma sociedade, depois de ultrapassado o patamar mínimo capaz de garantir as necessidades básicas para todos. Wilkinson e Pickett sustentam que não são apenas os pobres que, por serem menos pobres, numa sociedade mais igualitária são mais felizes. Também os ricos são mais felizes numa sociedade mais equânime.

6

A conclusão é tão surpreendente quanto polêmica. Compreende-se a repercussão de *The Spirit Level*, sobretudo na Inglaterra, país em que o livro foi originalmente publicado e onde a desigualdade aumentou significativamente nas últimas três décadas. Uma coisa é defender a redução das desigualdades em nome de um ideal de justiça social ou de empatia com os menos favorecidos, outra é defender a redução das desigualdades com base na evidência empírica de que a desigualdade reduz o bem-estar não apenas dos mais pobres, mas de todos, inclusive os ricos.

A econometria de Wilkinson e Pickett é relativamente primária. As correlações estão lá, mas não são devidamente trabalhadas para testar quão robustas são suas conclusões. Os críticos não perdoaram. Um trabalho de 2010 publicado por uma instituição inglesa, a Policy Exchange, faz uma dura e bem formulada crítica das conclusões de *The Spirit Level*. O ponto central da crítica é que a maioria das conclusões, no caso da análise internacional, depende de algumas situações extremas. No que diz respeito à análise dos estados americanos, argumentam que há uma variável excluída — o percentual de negros na população — que explicaria bem melhor os resultados. As correlações entre bem-estar e igualdade seriam, portanto, frágeis. Infelizmente, por mais que a base de dados tenha crescido e melhorado em relação à grande maioria dos temas socioeconômicos, não há como pretender declarar vitória incontestável com base apenas na evidência empírica. As grandes questões, ainda que iluminadas pela experiência, a qual não se pode desrespeitar, exigirão sempre algum julgamento de valor. Negar o elemento valorativo das questões econômicas, políticas e sociais, pretender que seriam passíveis de tratamento científico, à semelhança das ciências naturais, é um equívoco quase tão sério como desconsiderar integralmente a evidência empírica.

A Policy Exchange é uma instituição que se define como um centro de reflexão, que tem como "missão desenvolver e promover novas ideias de políticas com objetivo de promover uma sociedade livre, baseada em comunidades fortes, liberdade individual, governo limitado, autoconfiança nacional e uma cultura empresarial". Não surpreende que não tenham gostado do livro de Wilkinson e Pickett, e o título do trabalho, *Beware of False Prophets* [Cuidado com falsos profetas], não deixa dúvidas sobre as intenções dos autores. Depois das experiências comunistas de inspiração marxista do século xx, há uma justificada desconfiança, a priori, dos que defendem os princípios liberais clássicos em relação a toda proposta de corte igualitário. A defesa da igualdade está quase sempre associada à maior intervenção do governo para implementá-la. As implicações negativas sobre as liberdades individuais são as tradicionalmente associadas aos Estados fortes com ideias redentoras. A experiência do século xx, à esquerda e à direita, com o comunismo, o fascismo e o nazismo, desmoralizou as propostas idealistas totalizantes. Para o liberalismo contemporâneo, a única igualdade desejável é a de oportunidades. Garantir a igualdade de oportunidades não é questão trivial, assim como, com certeza, também não exclui a intervenção do Estado.

A maior igualdade dos padrões de consumo parece ser desejável para o bem-estar de todos. Mais importante que isso, entretanto, é compreender que é essencial para compatibilizar os atuais níveis da população mundial com os limites físicos e ecológicos do planeta. É possível transitar para uma sociedade de padrões de consumo menos extravagantes e mais igualitários sem comprometer o dinamismo das economias de mercado e as liberdades individuais? Creio que sim, este é o desafio de nosso tempo.

2
Limites anacrônicos: governança global e democracia*

*O nacionalismo é uma doença
infantil, a rubéola da humanidade.*
Albert Einstein

*O nacionalismo é o último refúgio
dos canalhas.*
Samuel Johnson

QUASE TODAS AS GRANDES questões de nosso tempo exigem um tratamento supranacional, mas a representação democrática continua pautada pelos limites geográficos dos Estados nacionais. É uma situação perigosa. Fica-se obrigado a optar entre atropelar os cânones democráticos e a paralisia.

Tomemos, por exemplo, questões mais especificamente ligadas à conjuntura. Como rever a regulamentação financeira internacional para evitar crises recorrentes? A crise de 2008 tornou flagrante o anacronismo dos limites de atuação dos bancos centrais e das demais agências nacionais de regulamentação financeira. Os Estados Unidos dão sinais, cada vez mais enfáticos, de que deverão pautar suas políticas fiscal e monetária exclusivamente de acordo com os interesses domésticos de preservação da renda e do emprego. As eventuais consequências para o valor internacional de sua moeda estão relegadas a um

---

* Publicado no *Valor Econômico*, 1º jan. 2011.

distante segundo plano. Torna-se mais evidente do que nunca a urgência da criação de uma moeda reserva internacional, que não esteja sujeita aos interesses de um emissor nacional. A crise de 1929 terminou por levar à revisão do sistema monetário internacional, ao fim do padrão-ouro e, em 1944, com o término da Segunda Guerra, à conferência de Bretton Woods. Agora uma nova e profunda revisão do sistema monetário internacional é imperativa para que a grande crise financeira de 2008 possa ser considerada definitivamente superada.

Questões ainda mais complexas como a da emigração, a do tráfico e do consumo de drogas e a do terrorismo não têm, é claro, soluções exclusivamente nacionais; exigem um tratamento supranacional como condição para ser equacionadas. Os dois temas mais candentes de nosso tempo são intrinsecamente supranacionais. Primeiro, como reduzir a desigualdade e eliminar a pobreza absoluta? Segundo, como enfrentar o desafio de continuar a aumentar a qualidade de vida sem esbarrar nos limites físicos do planeta?

O problema da pobreza e da desigualdade foi até muito recentemente entendido como uma questão nacional, mas já não é possível pretender que pobreza e desigualdade só nos digam respeito quando restritos aos limites geográficos de nosso país. O mecanismo psicológico que permite fazer coincidir os limites da responsabilidade e da empatia com os das fronteiras nacionais não é diferente daquele que levou à aceitação da escravidão. Trata-se de fazer um corte entre "nós" e "eles". Do ponto de vista evolutivo, quando o homem primitivo vivia isolado em seu grupo, constantemente ameaçado pela natureza, o sentimento de desconfiança em relação aos desconhecidos, aos que não fossem definidos como sendo dos seus, fazia sentido. Hoje é um sentimento profundamente irracional. Irracional porque perdeu funcionalidade, porque não corresponde mais aos interesses de todos. Não contribui nem para a qualidade de vida nem para a sobrevivência da humanidade. Antes de se tornar imoral, um comportamento se torna disfuncional, portanto irracional, do ponto de vista do interesse geral dos homens, para só em seguida passar a ser percebido como imoral.

O princípio de ocupar-se primeiro dos mais próximos continua evidentemente válido, para não cair no caso dos personagens de Nelson Rodrigues, os "intelectuais de botequim", que nas décadas de 1960 e 1970, da varanda do bar do restaurante da moda, entre um drinque e outro, cegos para a miséria local, indignavam-se com o sofrimento dos vietnamitas. Mas basta um segundo de reflexão para concluir que o sofrimento de um boliviano ou de um brasileiro, separados por alguns quilômetros na fronteira, não nos deveria despertar sentimentos distintos, a não ser o da responsabilidade formal da nacionalidade. É justamente essa atribuição nacional da responsabilidade que se tornou anacrônica, diante do progresso tecnológico nas comunicações, nos transportes, da redução das distâncias, do avanço do que se convencionou chamar de globalização.

A outra face do processo que transformou todos os grandes temas em questões supranacionais é a redução do espaço político nacional ao meramente administrativo. Questões administrativas requerem mais racionalidade burocrática que liderança carismática, mas a política nacional, órfã dos grandes temas, guardou as instituições e os ritos de uma função que já não lhe compete, de uma realidade que já não existe. Tornou-se assim duplamente disfuncional: despreparada para a administração do dia a dia comunitário e presa à retórica de questões sobre as quais não tem mais competência. Compreende-se assim a queda vertiginosa da influência da política e o desprestígio dos políticos, que passaram a competir com o universo do entretenimento pela atenção da mídia. Em busca dos holofotes, mas sem competência nem bandeiras, a política e seus atores ficam cada dia mais indistinguíveis do mundo das celebridades. A democracia de massa, intermediada pela mídia e regida pelos cânones da publicidade, transformou-se numa caricatura grotesca do que dela se pretende.

Em livro recém-publicado, *The Globalization Paradox* [O paradoxo da globalização], o professor da Universidade Harvard Dani Rodrik sustenta que é impossível ter simultaneamente democracia, soberania nacional e globalização econômica. Para preservar a globalização é preciso abdicar ou dos Estados nacionais ou da democracia. Para reforçar a democracia é preciso escolher entre o Estado nacional e a integração econômica mundial. Se o Estado nacional quiser ser preservado, deve-se abrir mão da globalização ou da democracia. Rodrik explicita imediatamente sua opção: os benefícios da integração econômica mundial são verdadeiros mas foram superestimados; a democracia deve ser preservada. Como a diversidade no mundo de hoje é grande, a globalização irrestrita é incompatível com a democracia. Preserve-se o Estado nacional e a democracia; sacrifique-se portanto a globalização.

É difícil discordar de Rodrik com relação à tese de que a confiança excessiva dos benefícios de mercados livres e pouco regulamentados superestimou os benefícios e, principalmente, subestimou os riscos da globalização econômica e financeira. Também não se pode discordar que a democracia, entre os três objetivos, tem evidentemente precedência. Seu equívoco é acreditar que para preservar a democracia deve-se preservar os Estados nacionais e sacrificar a globalização. O termo "globalização" ficou associado ao período das últimas décadas de liberalização comercial e financeira internacional, mas a integração mundial é mais que econômica e financeira. Globalização hoje é também — e sobretudo — a integração mundial promovida pela revolução tecnológica das comunicações e da internet. Daí a impossibilidade de sacrificar a integração mundial para compatibilizar a democracia com a preservação dos Estados nacionais. Nem a integração tecnológica é reversível sem sacrificar a democracia nem a democracia é viável num mundo integrado, mas profundamente desigual. Aceitas as premissas, a conclusão é inequívoca: é preciso criar uma governança supranacional e reformular os Estados nacionais.

Acreditar que a democracia no mundo de hoje possa ser seletiva e localizada, que o que se passa em países distantes, de culturas distintas, não nos diz respeito, é um cacoete provinciano, incompatível com um mundo irremediavelmente interligado. As revoltas recentes, no Oriente Médio e no norte da África, são testemunhas da pressão democrática exercida pela revolução tecnológica das comunicações em toda parte. Hoje, só há dois caminhos possíveis: o avanço internacional da democracia, ou então o regresso para um mundo de Estados isolados, em conflito permanente, obrigados a sacrificar a democracia e as liberdades individuais em nome da segurança nacional.

Fazer a defesa de uma governança supranacional não significa endossar sem ressalvas uma desregrada globalização financeira e comercial. Nem os mercados mais elementares podem prescindir de regras e instituições. Como é possível pretender que os mercados internacionais, sofisticados e complexos, com tantos interesses em jogo, possam dispensar a governança, o arcabouço institucional, para ser confiados à sua própria capacidade de se autorregular?

Reconhecer que os Estados nacionais tornaram-se ultrapassados, que a política nacional perdeu grande parte de seus temas e de seu apelo, não é o mesmo que sustentar que os governos regionais tenham deixado de fazer sentido e que as identidades culturais não precisam mais ser respeitadas. Muito pelo contrário. É justamente a falta de foco das políticas nacionais, entretidas com questões e problemas para os quais se tornaram incompetentes, o apelo demagógico a um nacionalismo, muitas vezes artificial, a distância excessiva entre os governantes e as comunidades, que fazem com que a governança global e os governos democráticos regionais não sejam propostas competitivas mas, ao contrário, verdadeiramente complementares.

Ao longo de toda a história, o comércio sempre esteve associado ao progresso e à civilização. O intercâmbio sempre foi uma força progressista, o cosmopolitismo sempre esteve associado à razão e às luzes. Não é sem razão que classificar alguém ou alguma coisa de paroquial tem conotações pejorativas. Na grande maioria das vezes, a defesa do isolamento, a desconfiança em relação ao estrangeiro, está associada ao conservadorismo e ao irracionalismo. Nada mudou. Mas, como sempre, o argumento não pode ser levado ao paroxismo. O apelo emocional da identidade comunitária é profundo e há razões sólidas para crer que a democracia representativa, para não se desfigurar, deve manter suas raízes na comunidade.

Seria ingênuo imaginar que uma governança supranacional pudesse ser facilmente construída, que estivéssemos às portas da superação dos Estados nacionais. Longe disso, como atestam as dificuldades por que passa a União Europeia, a mais audaciosa e importante experiência nessa direção. Mas os riscos de não se progredir no sentido de uma nova governança global são altos. Primeiro, a possibilidade de que, sem coordenação, se agrave a competição comercial, cambial e regulatória, que pode prolongar a crise de 2008 ou mesmo levar a um segundo mergulho recessivo muito mais cedo do que se imagina. Segundo, a crescente tensão geopolítica, exacerbada pelo esgotamento das fontes de energia fóssil, a intensificação

40

LIMITES ANACRÔNICOS: GOVERNANÇA GLOBAL E DEMOCRACIA

de catástrofes climáticas, num mundo interligado mas profundamente desigual, que ainda não se percebe como num barco único, pode levar a conflitos cujo potencial para extrapolar os limites locais será cada vez mais alto.

Depois da crise de 1929, foram necessários quinze anos e uma segunda Grande Guerra para se chegar à conferência de Bretton Woods, na qual se desenhou o arcabouço jurídico-institucional que, em sua essência, perdura até hoje. A tomada de consciência da necessidade de revê-lo, de avançar na direção de uma governança supranacional, é determinante para que, até lá, não seja preciso passar por mais uma grande crise ou uma nova guerra, agora mais do que nunca, verdadeiramente mundial.

3
O espaço conservador*

A CIENTISTA POLÍTICA AMERICANA Frances Hagopian, em visita ao Brasil, disse que o PSDB deveria assumir sua posição de centro-direita. Depois de três derrotas consecutivas nas eleições presidenciais, parece haver certa perplexidade no partido. Como foi possível que, depois de estabilizar a inflação, de encerrar um ciclo de duas décadas de crises e de dar início a uma nova fase de prosperidade, o PSDB tenha sido recorrentemente derrotado nas eleições presidenciais? Fala-se até mesmo em uma refundação do partido. Refundação talvez, mas declarar-se de centro-direita, jamais.

Por que a direita, ainda que amenizada pelo aposto centrista, é tão execrável? Por que qualquer movimento com pretensão de ter o apoio da população precisa se definir como de esquerda ou, no mínimo, de centro-esquerda?

---

* Publicado no *Valor Econômico*, 28 out. 2011, sob o título "Horizontes para um espaço conservador".

Antes de tudo é preciso saber se esquerda e direita ainda fazem sentido no mundo de hoje. Durante todo o século XX, a esquerda esteve associada aos movimentos socialistas, em sua grande maioria de inspiração marxista. O fim do comunismo e o fracasso do planejamento centralizado deixaram a esquerda órfã de projeto. Ser de esquerda passou a significar apenas ser a favor da redução das desigualdades e da justiça social. Mas, como ninguém de bom senso pode ser contra isso, hoje somos todos de esquerda. Não faz sentido tentar definir esquerda como uma questão de grau: somos de esquerda porque somos mais a favor da justiça social que eles. É preciso então se definir por oposição ao que seria a direita. Daí à demonização da direita é um pulo.

Direita e esquerda parecem-me termos menos adequados aos dias de hoje que conservador e progressista. Não que a escolha dos termos ajude a posição conservadora. Ao contrário, se o conservador define-se por oposição ao progressista, a defesa do conservadorismo é tarefa inglória. A crença no progresso é o dogma supremo da modernidade. Parece-me, entretanto, que o espaço conservador existe e que sua exclusão da vida pública empobrece o debate, dificulta a compreensão das ideias e faz com que a política perca o sentido da realidade.

O conservadorismo opõe-se à crença racionalista moderna de que valores políticos defensáveis precisam estar necessariamente baseados num sistema de propostas articuladas, cuja aplicação é universal. Assim definido, o conservadorismo opõe-se a toda proposta idealista totalizante. Não apenas às de esquerda, como o socialismo marxista, mas também às de direita, como o fascismo e o nazismo. O elemento central da posição conservadora é o ceticismo. Ceticismo em relação à possibilidade de que qualquer sistema de ideias tenha aplicação universal e seja capaz de resolver os dilemas da vida em sociedade.

O ESPAÇO CONSERVADOR

O conservadorismo, assim definido, não coincide com a direita. A esquerda, embora tenha sido obrigada a aceitar a economia de mercado, por falta de alternativa insiste em associá-la a todos os tipos de mazelas, se não estiver submetida a uma política de Estado. O planejamento central foi descartado, mas o dirigismo estatal não. Sai o velho modelo soviético e entra o novo modelo chinês. O livre mercado sempre esteve e continua a estar associado à direita. A defesa da economia de mercado como forma superior de organizar a economia, especialmente a defesa radical do livre mercado e do Estado mínimo, é um dos pilares da direita moderna. Para a visão conservadora, entretanto, é apenas mais uma ilusão. Todo sistema articulado de ideias com pretensão de universalidade deve ser tratado com ceticismo. O livre mercado não é exceção.

O conservadorismo ilustrado não é avesso ao progresso e à mudança. Ao contrário, por ser realista e tolerante, reconhece a necessidade de adaptação aos tempos e às circunstâncias. Só não avaliza sonhos revolucionários. Não coincide com a direita pois esta, assim como a esquerda, é ideológica, propositiva e quase sempre arrogante. O ceticismo do conservador, em contrapartida, o faz humilde e tolerante. Humilde, por saber compreender os limites das possibilidades de resolver os conflitos e os dilemas da vida em comum; tolerante, por reconhecer que é preciso aceitar a diferença e a contradição. Porque sabe que é preciso ser paciente e dar tempo ao tempo, pois nem tudo tem solução sempre. Nada mais distante do espírito da modernidade.

Compreende-se que o espaço conservador tenha sido eliminado da vida pública, mas não me parece que o espírito conservador tenha desaparecido da vida privada. Ao contrário, sem lugar na esfera pública, o conservadorismo refugiou-se na psicologia privada, lá se fortaleceu em silêncio e hoje alimenta

45

o profundo desprezo pela política e pela vida pública que permeia o mundo contemporâneo. Parecer otimista e confiante é um dogma que poucos, especialmente os mais jovens que precisam se inserir, ousam contestar em público. O hiato entre o que se pretende acreditar e o que se acredita, entre o que se proclama e o que se é, sempre foi grande.

Ao admitir que a imperfeição não irá desaparecer, que dor e dificuldade não são passíveis de cura definitiva, o conservadorismo rejeita toda proposta utópica. Acontece que a crença no progresso, como indissociável da história da humanidade, é também um projeto utópico, que substituiu a religião como alicerce da civilização ocidental a partir do Iluminismo. O conservadorismo reconhece, evidentemente, os ganhos associados ao avanço da ciência, mas não se ilude em relação à sua possibilidade de eliminar o sofrimento e o mistério da condição humana. Seu objetivo é mais modesto: minimizar o sofrimento e melhorar a qualidade de vida, através da adaptação dos valores, das práticas e das instituições, às condições objetivas das circunstâncias. A tarefa do governo é sustentar as instituições e a comunidade de forma que, se não garantem a felicidade, ao menos ajudam a suportar as aflições naturais da vida de uma forma digna e que possa fazer sentido.

O ceticismo conservador, ou o conservadorismo ilustrado, tem longa tradição intelectual, principalmente na Inglaterra, desde Hobbes e Hume até John Gray, seu maior expoente nos dias de hoje. Compreende-se assim que, apesar de ojeriza da política contemporânea ao conservadorismo, a Inglaterra ainda tenha um partido que se denomina Conservador e que hoje é governo.

Volto ao PSDB. Não sei se o partido é de fato de centro-direita. Ainda que fosse, o rótulo "de direita" ficou excessivamente vinculado à indiferença ao sofrimento alheio, ao egoísmo e à falta de compaixão, para estar associado a qualquer iniciativa pública. Mas o país só teria a ganhar se, independente dos rótulos, um partido maduro, seguro de suas contribuições, não compactuasse com a ignorância, não abusasse do marketing, não contasse vantagem, não prometesse mais que competência, trabalho e seriedade. Um partido que ocupasse o espaço conservador.

4
Bem-estar e *hubris**

*Quem é este indivíduo autônomo e secular
— do qual depende a existência do Estado
moderno — que vive unicamente para
satisfazer e aumentar seus desejos materiais?*
Pankaj Mishra, em *An End to Suffering*
[Um fim ao sofrimento]

QUESTIONADO SOBRE SE o dinheiro traz felicidade, Nelson Rodrigues fez uma pausa e fulminou: "Compra, o dinheiro compra tudo, até amor verdadeiro". Não sei se o teatrólogo realmente acreditava no que disse. Parece-me que sua afirmação deve ser entendida mais como uma tirada melancólica sobre a capacidade do ser humano de se iludir com as pompas do mundo que uma convicção sincera.

Não é o caso da teoria econômica, que postula uma correlação direta entre renda e bem-estar. Todo o edifício teórico da economia está baseado na premissa de que mais renda significa mais consumo e de que mais consumo significa mais bem-estar. Pressupõe-se que a associação seja válida não apenas no âmbito do indivíduo, mas também no da sociedade. Para a teoria econômica, o bem-estar da sociedade é apenas a soma do bem-estar dos indivíduos.

---

* Publicado no *Valor Econômico*, 23 mar. 2012.

Há, entretanto, fortes evidências de que a má distribuição de renda afeta negativamente o bem-estar. Em *The Spirit Level* [O nível do espírito], Richard Wilkinson e Kate Pickett mostram que todos os indicadores de saúde, física e emocional, estão negativamente correlacionados com a desigualdade. Apesar de a teoria econômica desconsiderar o impacto da má distribuição da renda, é intuitivo que o bem-estar deva ser menor numa sociedade desigual. Para um mesmo nível de renda média, ganha-se em bem-estar se a renda for mais bem distribuída. Os estudos de Wilkinson e Pickett vão além. Sustentam que não apenas os mais pobres, mas também os mais ricos são menos felizes do que seriam se a renda fosse mais bem distribuída.

O tema, evidentemente, não é novo. Andou meio esquecido, mas há boas razões para que volte à baila. Se no Brasil a péssima distribuição da renda dá enfim sinais de alguma melhora, nos países avançados, principalmente nos Estados Unidos, a distribuição da renda piorou de modo considerável nas últimas décadas. A distribuição da renda na maioria dos países, mesmo desenvolvidos, continua longe do aceitável, mas o verdadeiro problema hoje é a desigualdade entre países e regiões. Num mundo cada vez mais integrado, o descalabro das desigualdades, ainda mais evidente, alimenta ressentimentos e conflitos. Depois de décadas de rápido crescimento da renda mundial, o fato de que as desigualdades não tenham sido reduzidas mas, pelo contrário, exacerbadas até mesmo nos países mais desenvolvidos, levanta sérias dúvidas sobre a hipótese de que o problema venha a ser resolvido pelo mero crescimento.

Parece-me importante deixar claro que considero as liberdades individuais um valor supremo da verdadeira democracia. É importante ressaltar isso porque há uma tradicional associação entre a defesa da redução das desigualdades e as propostas autoritárias, que suprimem as liberdades em nome da igualdade. A oposição entre igualdade e liberdade, embora não de todo falsa, não significa que haja entre elas uma contradição insuperável. O trauma do comunismo marxista deixou cicatrizes profundas. Ainda hoje é difícil fazer a defesa de uma sociedade menos desigual sem que se suponha a defesa de uma homogeneidade imposta e a subordinação das liberdades aos interesses do Estado.

Hoje, pesquisas sobre bem-estar são feitas com frequência e em toda parte. Sabe-se que a relação entre renda e bem-estar não é a que pressupõe a teoria econômica. A pobreza nos faz infelizes, é verdade, mas a partir de certo ponto o dinheiro não traz mais felicidade.

Uma pesquisa recente nos Estados Unidos, para o índice de bem-estar Gallup-Healthways, com observações diárias de mil pessoas e mais de 450 mil respostas, mostra que o nível de renda familiar a partir do qual o bem-estar deixa de estar associado ao aumento da renda é de aproximadamente 75 mil dólares ao ano nas áreas onde o custo de vida é alto, podendo ser mais baixo nas regiões onde o custo de vida é menor. A partir daí, não há mais aumento de bem-estar quando a renda aumenta.

O resultado não apenas contradiz frontalmente a teoria econômica como é contraintuitivo. Mais renda significa mais opções. Não apenas de consumo, mas também de tempo livre para o lazer, para férias, viagens e outras diversões. Era de se esperar que o ganho adicional de bem-estar fosse menor para rendas mais altas, ou, como dizem os economistas, que a utilidade marginal da renda fosse decrescente. O que surpreende é que seja nulo a partir de um nível de renda familiar tão baixo. Por que, satisfeitas as necessidades básicas, o aumento do bem-estar não acompanha o aumento da renda?

Antes é preciso fazer a distinção entre bem-estar e satisfação pessoal. Embora possam parecer equivalentes, ou ao menos altamente correlacionados, segundo Daniel Kahneman são coisas inteiramente diferentes. Kahneman é um psicólogo israelense, professor emérito da Universidade Princeton (EUA), ganhador do prêmio Nobel de economia em 2002 por seus trabalhos sobre tomada de decisão em condições de incerteza. Seu último livro, *Rápido e devagar: duas formas de pensar*, percorre em linguagem acessível toda a sua trajetória, desde o início da carreira de pesquisador. É leitura obrigatória não apenas para os interessados em psicologia e economia, mas para todas as pessoas intelectualmente curiosas. Nesse caso, vale o que costumava dizer Rudiger Dornbusch, professor de toda uma geração de economistas formados no MIT: "Ao terminar a leitura você será um ser humano melhor".

Para a teoria econômica, a medida de bem-estar é chamada de "utilidade". Mais renda — e maior possibilidade de consumo, inclusive de lazer — aumenta a utilidade desfrutada. O termo foi cunhado por Jeremy Bentham, no século XIX, como uma aproximação da sensação percebida de dor e prazer, que segundo ele era o fio condutor da ação humana. Nem o próprio Bentham — que se desculpou por não ter encontrado um termo melhor — ficou satisfeito, mas o termo foi adotado pela teoria econômica. Kahneman chama a atenção para o fato de que a utilidade à que Bentham se referia não coincide com o que a teoria econômica passou a denominar de utilidade. A utilidade de Bentham é uma medida de satisfação sentida, já a utilidade da teoria econômica é uma medida de desejabilidade. Os dois conceitos só coincidem se — como assume a teoria — as pessoas desejam o que lhes dá satisfação e têm satisfação quando obtêm aquilo que desejam. Essa coincidência está por trás da hipótese de racionalidade dos agentes econômicos.

Agentes racionais sabem o que desejam, não entram em contradição e tomam decisões que maximizam seu bem-estar ou sua utilidade. Grande parte da contribuição de Kahneman, em parceria com o amigo e colaborador Amos Tverky, para a teoria econômica foi justamente demonstrar as muitas situações em que essa hipótese não é válida.

Segundo Kahneman, a utilidade sentida de Bentham não coincide com a utilidade de decisão da teoria econômica. Essa conclusão decorre da observação de que há uma diferença entre o eu que sente e o eu que lembra. O eu que sente é o que responde à pergunta "como me sinto neste momento?". Já o eu que lembra é o que responde à pergunta "qual minha impressão da experiência depois que ela terminou?".

O eu que lembra tem duas peculiaridades que fazem com que ele não coincida com o eu que sente. Para o eu da memória, tanto no caso das boas como no caso das más experiências, o tempo de duração é menos importante que os picos, especialmente os picos mais próximos do fim da experiência.

Férias nas quais houve alguns momentos de grande satisfação — especialmente se terminaram bem — são lembradas como altamente positivas, ainda que a maior parte do tempo tenha sido consumido com toda sorte de ansiedades e com as tradicionais dificuldades das viagens no mundo contemporâneo. Um fim de semana agradável na praia pode ser arruinado por um acidente, ainda que sem maiores consequências, na estrada de volta para casa. Para o eu que lembra, o acidente que causou apenas algumas horas de desconforto domina integralmente a boa experiência vivida durante o fim de semana. De mesma forma, quem se propõe a uma tarefa que exige extraordinário esforço físico, como correr uma maratona, sofre durante grande parte da corrida para, ao terminar, sentir-se realizado. Para o eu que lembra, a satisfação com o fato de ter realizado o desafio domina o sofrimento sentido durante a corrida.

Confundir a memória da experiência com a experiência vivida é uma quase irresistível ilusão cognitiva. A memória, embora muitas vezes equivocada, é a que conta em última instância. É o eu que lembra quem toma nota, quem define o que aprendemos ao longo da vida. É, portanto, quem toma decisões, quem pauta nossa vida e quem avalia nosso grau de satisfação com ela. Não nos interessa ter uma vida toda agradável, sem aflições nem sofrimentos, mas também sem nada que valha a pena ser lembrado. A vida é percebida como uma narrativa em construção. Vale a pena se, quando contada, for uma boa história, cujo herói merece ser admirado. Aqui também os picos de intensidade, e sobretudo a conclusão, são determinantes. Toda uma história admirável é arruinada por um grave equívoco perto do fim da vida.

Nas pesquisas sobre bem-estar, pergunta-se aos entrevistados qual é seu grau de satisfação com a vida. Tendo visto estudos que demonstravam que há uma grande diferença entre a experiência vivida e a memória da experiência, Kahneman sempre observou com desconfiança a possibilidade de que o resultado dessas pesquisas refletisse efetivamente o bem-estar vivenciado. Procurou encontrar uma forma de avaliar a experiência efetivamente vivida. Como não é possível fazer com que as pessoas reportem continuamente como estão se sentindo, desenvolveu um método de amostragem em que os participantes reportam como estão se sentindo. Um programa de monitoramento sofisticado registra o que os participantes sentem, em pequenos intervalos, ao longo do dia. São avaliados sentimentos tais como felicidade, tensão, raiva, preocupação, dor física, entre outros. Os participantes indicam a intensidade da experiência do que sentem numa escala de zero a seis. A partir das observações, constrói-se um índice de desconforto, que é a razão entre o tempo vivido com um sentimento negativo e o tempo vivido com um sentimento positivo. O índice de desconforto é, portanto, a porcentagem do tempo que a pessoa passa com uma sensação negativa.

Pesquisas sobre o bem-estar vivenciado, com base em grandes amostras, hoje são rotina. Não apenas nos países desenvolvidos, mas em mais de 150 países no mundo todo. Sua principal conclusão é que o melhor indicador de como uma pessoa se sentiu durante o dia é o fato de ter estado ou não com a família e com os amigos. Confirmam, portanto, a intuição expressa numa velha sabedoria popular: felicidade é estar com quem você gosta e com quem gosta de você. Por isso, a forma mais eficaz de reduzir o índice de desconforto é criar condições para que as pessoas tenham mais tempo para socializar. Melhorar o transporte público, reduzir o tempo de deslocamento, desenvolver soluções urbanísticas e arquitetônicas que aproximem as pessoas, oferecer boas creches e escolas, aumentar a possibilidade de socialização para os idosos são alguns exemplos.

É possível comparar os resultados de pesquisas que registram o bem-estar vivenciado com o das pesquisas baseadas em entrevistas sobre como as pessoas avaliam a vida. Fica claro que os fatores que afetam a experiência vivida não coincidem com os que determinam o grau de satisfação com a vida. Certas coisas têm grande impacto na percepção de satisfação com a vida, mas não afetam a experiência vivida de bem-estar. Educação, por exemplo, tem efeito positivo sobre o grau de satisfação com a vida, mas não faz diferença na qualidade da vida vivida. A renda que, como vimos, a partir de um nível relativamente baixo, não melhora em absolutamente nada o bem-estar vivido tem grande impacto sobre o grau de satisfação com a vida. A conclusão é inescapável: não há correlação entre o bem-estar vivido e o grau de satisfação com a vida. São coisas inteiramente diferentes.

O grau de satisfação, ou de frustração, com a própria vida depende de coisas que não estão correlacionadas com aquelas que determinam o bem-estar cotidiano. Enquanto a qualidade da vida vivida é função da ausência de dor física, da boa saúde, do convívio com a família e com os amigos, a vida percebida depende, essencialmente, de objetivos alcançados. As pesquisas mostram que em relação ao dinheiro, assim como em relação a outros objetivos, as pessoas mais ambiciosas estão mais satisfeitas que a média se atingiram seus objetivos, e mais insatisfeitas que a média se não atingiram seus objetivos. Ser ambicioso é uma faca de dois gumes. É uma aposta que exponencia, para o bem e para o mal, o grau de satisfação com a vida.

Em relação à vida efetivamente vivida, a ambição é um inequívoco detrator do bem-estar. Como ensina a sabedoria budista, o sofrimento está associado à inquietação do desejo difuso, ao ato de ansiar. Desejar provoca ansiedade e reduz o bem-estar vivido. Alcançar o desejado traz satisfação com a vida. São coisas distintas.

É difícil sustentar que um dos dois elementos da equação deva ter precedência. Não é possível sustentar que só a experiência vivida deva ser levada em consideração, porque o grau de satisfação com a vida é relevante e também precisa ser considerado. Há, entretanto, uma diferença fundamental entre eles: a experiência vivida pode ser melhorada com políticas públicas, mas o grau de satisfação com a vida é primordialmente uma questão de aprimoramento pessoal.

É possível reduzir o índice de desconforto da vida vivida, aumentar o bem-estar vivenciado, com medidas que reduzam os fatores que provocam estresse e tensão no dia a dia. Para isso, transporte, saúde e mais tempo disponível para o convívio afetivo são os elementos centrais. Com relação ao bem-estar percebido, ao grau de satisfação com a vida, há muito menos espaço para a atuação das políticas públicas. Quando se trata de influenciar fatores emocionais subjetivos, como o grau de ambição e os objetivos pessoais, a ingerência do Estado corre o risco de se tornar manipuladora e de atropelar as liberdades individuais. A proibição às drogas e ao fumo, a obrigatoriedade do uso do cinto de segurança nos automóveis e do capacete nas motocicletas são exemplos de medidas em que a defesa do bem-estar social tem avançado sobre as liberdades individuais.

Infelizmente, a constatação de que não somos sempre racionais nas escolhas, como pressupõe a teoria econômica, reduz a base de sustentação conceitual para a não interferência do poder público nas decisões individuais. A saída parece ser contextualizar adequadamente as opções, sem restringir as escolhas dos indivíduos, como sugerem Richard H. Thaler e Cass R. Sunstein em *Nudge: O empurrão para a escolha certa*.

Sabemos que a renda e o consumo, acima de um nível capaz de garantir as necessidades essenciais, não afetam o bem-estar vivido. Em contrapartida, a alta renda e o consumo conspícuo, especialmente para pessoas ambiciosas, aumentam o grau de bem-estar percebido, o grau de satisfação com a vida. Em relação ao bem-estar individual, não temos por que dar prioridade a um tipo de bem-estar — o vivido ou o percebido — sobre o outro. Os dois parecem igualmente importantes. Não cabe ao Estado, nem com a melhor das intenções, tentar influenciar como as pessoas avaliam a própria vida.

Quando se trata do bem-estar coletivo, a questão é mais complicada. Como a ambição reduz a vivência de bem-estar, uma sociedade mais ambiciosa tem bem-estar vivido inequivocamente inferior ao de uma sociedade menos ambiciosa. Em relação ao bem-estar percebido, a ambição aumenta o bem-estar dos bem-sucedidos, mas também a frustração dos malsucedidos. Não há como saber se a intensidade da satisfação dos vencedores é maior que a intensidade da frustração dos perdedores. É provável que não, pois a dor do fracasso, quando não há nova chance — e a vida é uma só —, é maior que o prazer do sucesso. Assim, uma sociedade de ambiciosos não tem apenas o bem-estar vivido inferior ao de uma sociedade menos ambiciosa, mas também o bem-estar percebido, pois o ganho dos bem-sucedidos é mais que compensado pela perda dos malsucedidos.

Há ainda a perversa, mas plausível, possibilidade de que o ganho de bem-estar dos bem-sucedidos ocorra em função da perda de bem-estar dos fracassados. Como ouvi de um colega do mercado financeiro: "Não sei se gosto mais de ganhar dinheiro ou de saber que meus amigos perderam". De qualquer maneira, não é possível afirmar de forma inequívoca que a sociedade menos ambiciosa domina integralmente a sociedade de ambiciosos, pois nesta última ao menos os bem-sucedidos, em termos de vida percebida, estão melhor.

Há hoje um elemento novo na equação do bem-estar: os limites físicos do planeta. Enquanto estavam distantes, a defesa da ambição material poderia fazer sentido. Ainda que provocasse uma redução do bem-estar no presente — à exceção do dos bem-sucedidos —, era possível sustentar que contribuía para o aumento do padrão de vida de todos ao longo do tempo. Contribuía, portanto, para o aumento do bem-estar das gerações futuras. Já não há mais como justificar a defesa da ambição material. Numa sociedade de ambiciosos, o bem-estar vivido é inferior para todos. O bem-estar percebido é inferior para os que se frustram e o ganho dos que têm sucesso acelera o processo de redução do bem-estar das gerações futuras. A conclusão é inescapável: uma vez atingidos os limites físicos do planeta, todos perdem numa sociedade materialmente ambiciosa, até mesmo, ou especialmente, as gerações futuras. A exceção são os ambiciosos bem-sucedidos, e ainda assim só em termos de satisfação com a vida, pois também para eles a vida vivida é pior.

Estamos diante de uma mudança profunda das circunstâncias, que transforma a ambição material na *hubris* do homem moderno. Daniel Khaneman e Amos Tversky, em seus estudos sobre a tomada de decisão em condições de incerteza, demonstraram que, quando há algo a ganhar, preferimos o certo ao incerto. Mas quando o que está em jogo é percebido como uma perda, nossa atitude se inverte e preferimos a aposta. Optamos por correr o risco para nos tirar da saia justa. Esta é nossa atitude diante dos limites físicos do planeta. Optamos por correr o risco, por confiar na sorte, porque achamos que temos algo a perder se abrirmos mão da ambição material. O absurdo é que não temos realmente nada a perder.

5
Atalhos perigosos[*]

TEMPOS ATRÁS, ESPANTADO de encontrar em Oxford as mesmas rusgas de nosso ambiente acadêmico, perguntei ao então diretor do Centro de Estudos Brasileiros por que a academia dava margem a tantas brigas e rancores. Lesley Bethell respondeu-me com uma pergunta: "Você não conhece a resposta de Henry Kissinger? É porque o que está em jogo é tão desimportante". Aparentemente apenas uma alfinetada de quem tinha superado a academia e se tornado personagem central da alta diplomacia mundial, mas na verdade uma observação mais arguta do que pode parecer.

Desde que sustentei em alguns artigos a tese de que a proximidade dos limites físicos do planeta impõe novas restrições à condução da política econômica, fui surpreendido com a intensidade da repercussão. O que me parecia nada mais que uma constatação, sinceramente quase óbvia, projetou-me no

---

[*] Publicado no *Valor Econômico*, 18 maio 2012.

centro de uma virulenta discussão. Mais que no centro de um debate propriamente dito, no sentido de uma argumentação racional entre dois lados, deparei-me com dois campos opostos, tão passionalmente engajados quanto desinteressados em ouvir os argumentos contrários.

Do lado dos céticos, dos que não acreditam que existam limites à expansão material dos homens sobre a Terra, a reação é primordialmente de desdém, como se a questão ecológica fosse um problema menor, um falso alarme, sobretudo um modismo. Dá aos que a ela aderem uma áurea de progressistas responsáveis, antenados com os tempos, que faz sucesso nas jovens rodas, mas não passa da velha tese de Malthus requentada. Assim como Malthus foi desmoralizado pelo progresso tecnológico, para esse grupo, a seu devido tempo, a tecnologia também resolverá a questão dos limites físicos do planeta. Subscrevem a máxima que Fernando Sabino, um apóstolo do otimismo, gostava de repetir: "No fim tudo dá certo, se ainda não deu é porque ainda não se chegou ao fim".

Do lado dos convictos de que o planeta está realmente ameaçado, a reação é diferente, toma ares de uma seita religiosa. Sou então bombardeado com perguntas que seriam dirigidas a um recém-convertido. O que o levou a ver a luz? Como foi seu encontro com a verdade? Em seguida, as perguntas procuram verificar se estou realmente catequizado. A crise financeira foi causada pela ganância dos banqueiros? A defesa dos mercados livres é uma impostura ideológica para favorecer os ricos? Como aumentar o controle do Estado sobre a economia e a sociedade para evitar novas crises e o desastre ecológico final?

De um lado e do outro, ao nos manifestarmos sobre um tema controvertido, somos classificados de acordo com estereótipos. Ainda hoje, ao defender a tese de que não será possível incorporar toda a população mundial aos padrões de consumo material dos países avançados, porque esbarraremos antes nos limites físicos da Terra, somos imediatamente identificados com o estereótipo do ecologista. O ecologista, o verde, é identificado como alguém politicamente correto, que censura o capitalismo consumista, as grandes corporações, os bancos e o sistema financeiro. É percebido como um crítico da teoria econômica como ensinada nas grandes universidades, cético quanto ao sistema de preços de mercado, crítico do que entende como o liberalismo econômico e, portanto, defensor da intervenção do Estado, não apenas para corrigir eventuais distorções, mas para dirigir a economia e a sociedade em direção ao que lhe parece uma visão correta de mundo.

Como escapar dos estereótipos e fazer uma análise crítica da questão? Não é fácil. Os estereótipos, como modelos nítidos e calcificados, nos incitam a tomar partido sem passar pelo trabalhoso processo de análise. Diante de uma questão complexa e perturbadora, a simplificação estereotipada das posições — ou, mais frequentemente, dos tipos de pessoas associados às posições — transforma o que seria um trabalhoso processo de reflexão numa decisão intuitiva. Substitui-se a análise crítica, que exige o acionamento do que o prêmio Nobel em economia, Daniel Kahneman, chama em seu último livro de o Sistema 2 de pensar, pela tomada de decisão rápida, intuitiva, do Sistema 1. Ao invés de buscar as informações, analisar as evidências, refletir e tentar formar uma opinião própria e independente, opta-se pelo atalho dos estereótipos. Primeiro, observa-se quem são os que estão de um lado e de outro do debate. Depois, decide-se com qual deles se tem mais identificação. Toma-se então partido.

A reflexão é substituída por um processo de empatia com os modelos enraizados na memória de longo prazo. Ocorre

OS LIMITES DO POSSÍVEL

que os modelos enraizados na memória de longo prazo, ou no inconsciente, não são passíveis de exame crítico sem um longo e penoso processo de autoexame. Quando utilizados como um atalho para a tomada de posição sobre uma questão nova, é como não pensar. O processo de tomar partido nesse caso é semelhante ao da opção pelo time de futebol pelo qual se decide torcer. Uma questão emocional. Como no caso do futebol, a polarização contribui para que a questão ocupe um lugar de destaque no debate público, mas que se torna impermeável à racionalidade.

O problema nos remete a um debate do início do século XX, entre Walter Lippmann e John Dewey. Em 1922, quando tinha apenas 32 anos mas já era um jornalista experiente, tendo passado pela cobertura da Primeira Guerra e da Revolução Russa, Lippmann publicou *Opinião pública*. A partir de sua experiência pessoal, concluiu que a cobertura dos dois principais acontecimentos do início do século XX havia sido incorreta e distorcida. Lippmann não se ateve à crítica à objetividade da imprensa, por si só um tema complexo. Propôs-se a analisar uma questão mais profunda: se não há objetividade da mídia, como é possível sustentar o modelo conceitual das democracias modernas? A democracia pressupõe eleitores racionais. Eleitores que, a partir dos fatos reportados de forma isenta pelos meios de comunicação, seriam capazes de formar opinião sobre todo tipo de questão e, com base nelas, escolher seus representantes.

Antecipando em muitas décadas a crítica à democracia representativa no mundo de massas e mídia, Lippmann sustenta que a questão da informação é fundamental, porque as decisões nos Estados modernos não são tomadas pela iteração entre o Congresso e o Executivo, como supõe a teoria, mas sim pela iteração entre a opinião pública e o Executivo. O poder da opinião pública tornou-se superior ao do Legislativo. Por isso, a questão da objetividade da mídia, da forma de criar garantias para que a opinião pública não seja manipulada, transformou-se no "problema central da democracia".

Lippmann não se deu por satisfeito em defender a necessidade de garantias para uma cobertura imparcial, sem censura à imprensa e sem interferências manipulativas. Foi além. Procurou entender os mecanismos psicológicos da formação de opinião. Como as pessoas interpretam a informação? Que tipo de reação emocional a informação desperta e como essas emoções afetam o julgamento político das questões? Segundo ele, o problema não está apenas na qualidade da informação, mas também, e sobretudo, na capacidade do público de compreender. Tanto o ato de reportar como o de compreender aquilo que é reportado são fontes de distorções.

Segundo Lippmann, as pessoas só são capazes de absorver informação nova através de um processo inconsciente de ancoragem em categorias conhecidas. A formação de opinião é sempre passível de ser manipulada pela forma como é divulgada, mas, ainda que não o fosse, há sempre o risco de distorção no próprio processo de compreensão pelo público. Toda informação nova é necessariamente processada com ajuda de categorias conhecidas, num processo inconsciente de absorção, que pode ser ainda mais distorcido que o da informação manipulada. Ao contrário da informação incorreta, que pode sempre ser aprimorada e corrigida, o processo de distorção psicológica é indissociável da natureza humana. Como não há como absorver e compreender tudo, somos obrigados a simplificar, categorizar e escolher como compreender e formar opinião. A maneira como categorizamos define não apenas como vemos e compreendemos, mas também o que vemos. "Não vemos para depois definir, mas definimos para então ver" é a inversão surpreendente que me levou, anos atrás, à leitura de *Opinião pública*.

Definimos de acordo com os "estereótipos" impostos por nossa cultura. Os estereótipos são padrões, modelos internalizados e fixados, dos quais não somos sempre conscientes. São referências que tomamos como dadas, a partir das quais toda informação nova é interpretada e classificada. Como a memória operacional é escassa, sua utilização é reservada para questões prementes. Toda informação nova é reinterpretada de acordo com modelos já conhecidos, estereótipos, armazenados na memória de longo prazo. Assim, a busca na memória de longo prazo — quando necessária para trazer de volta a informação à memória operacional — é facilitada por sua associação a um modelo enraizado e interconectado. Quanto mais conexões tiver um modelo, mais associado a outros submodelos e a narrativas conhecidas, mais fácil será sua recuperação pela memória operacional.

Embora os estereótipos distorçam a percepção, não temos como nos livrar deles. São indispensáveis para nossa capacidade de assimilar e compreender. São referências conhecidas que nos dão a sensação de segurança, num mundo perturbadoramente volúvel e imprevisível. Os estereótipos são elementos da construção de nossa identidade e até mesmo de nossa autoestima. Como não temos como perceber a realidade sem passar por nossos mecanismos psicológicos de interpretação, fatos puros não existem. Vivemos num universo formado pela inter-relação da realidade com uma construção psicocultural. Não nos é possível separar objetivamente os dois elementos da formação deste universo.

A democracia representativa tem como premissa eleitores com acesso à informação objetiva, capazes de compreender e formar opinião sobre as mais diversas questões que afetam a vida em comum. Trata-se de uma premissa que talvez fosse válida para as cidades da Grécia clássica, mas que é altamente questionável para as democracias de massas da modernidade. O mundo contemporâneo, globalmente interconectado, tornou-se excessivamente complexo. Grande parte das questões relevantes está, inevitavelmente, muito distante do cotidiano da grande maioria dos eleitores.

Ainda que se abstraia a questão da manipulação consciente da mídia, que se assuma que ela procure cumprir seu papel de forma isenta e objetiva, não há como pretender que todos tenham acesso à "verdade dos fatos". O papel da imprensa não é encontrar a verdade, apenas o de chamar a atenção para certas questões. Verdade e notícia são coisas distintas. O papel da notícia é o de sinalizar acontecimentos, já a verdade deve ser aproximada pela análise crítica dos fatos. Lippmann usa uma metáfora memorável: a imprensa deve ser como a luz de uma lanterna, sempre em movimento, na busca de coisas a serem destacadas da escuridão. Seu papel é importante mas limitado, porque a sociedade não pode ser governada por uma sucessão de "incidentes, episódios e erupções".

A análise de Lippmann leva à inevitável conclusão de que a moderna democracia de massas está longe do ideal democrático. Democrata convicto, Lippmann procurou encontrar uma solução para as deficiências que havia apontado. Propôs então uma democracia de especialistas, com o grande público mantido informado da melhor maneira possível. A ideia de uma democracia intermediada pela tecnocracia foi taxada de antidemocrática e, como era de se esperar, muito mal recebida. Lippmann continuou sua bem-sucedida carreira de jornalista, como respeitado comentarista político, até a aposentadoria no início dos anos 1960. Segundo ele, a principal missão do comentarista político é "procurar antecipar e complementar a percepção de seus concidadãos quanto aos problemas de adaptação à realidade".

O filósofo americano John Dewey, autor da mais séria crítica à proposta da democracia tecnocrática de Lippmann, disse que seu livro era "provavelmente a mais eficaz crítica jamais escrita à democracia como hoje é concebida". Em *The Public and its Problems* [A opinião pública e seus problemas], originalmente publicado em 1927, Dewey dá todo o crédito a Lippmann quanto à seriedade e à importância da crítica, mas discorda de sua proposta de uma democracia intermediada por tecnocratas. Para ele, ao contrário do que propõe Lippmann, a solução é voltar ao espírito de comunidade, perdido nas sociedades de massas. Não há verdadeira democracia sem espírito de comunidade, sem que a chamada opinião pública seja formada pela interação direta entre os que constituem a comunidade. Segundo Dewey, o espírito de comunidade, em seu sentido mais rico e profundo, estará sempre ligado ao contato direto, face a face, entre as pessoas. A grande comunidade, formada pelo livre fluxo de informação e de ideias através dos modernos meios de comunicação, é concebível, mas nunca terá as qualidades que constituem as pequenas comunidades locais. Não existe substituto para a vitalidade e a profundidade do relacionamento direto e pessoal. Não existe verdadeira opinião pública sem comunidade; portanto, "a menos que a vida comunitária local seja restabelecida, o público não pode resolver de forma adequada seu problema mais urgente: encontrar-se e identificar-se a si mesmo". Sem público, onde há apenas massas, não pode haver verdadeira opinião pública.

Dewey é, porém, otimista em relação à modernidade, desde que a vida comunitária possa vir a ser restabelecida. O público de um mundo democrático moderno ideal seria formado por comunidades interconectadas que, embora locais, não estariam isoladas. Limites territoriais e políticos poderiam persistir, mas não deveriam constituir barreiras utilizadas para separar as pessoas de seus semelhantes. As nacionalidades não deveriam servir de estímulos à inveja, ao medo, à desconfiança e à hostilidade. A competição sempre haverá de existir, prossegue Dewey, mas deveria ser canalizada numa disputa para enriquecer a experiência local. Ao invés de uma mera disputa pelo acúmulo de bens materiais, a competição se transformaria numa disputa para criar alternativas, para expandir as opções artísticas e intelectuais. Dewey conclui: se a era tecnológica for capaz de dar à humanidade uma segurança material bem distribuída, estará aberto o caminho para uma era mais humana. A modernidade inaugurada com a Revolução Industrial deveria ser uma fase instrumental para a criação de uma base material mínima e bem distribuída, sem a qual a intercomunicação, a troca de experiências, necessária para uma vida livre e culturalmente rica, se transforma numa mera competição material. Sem que as necessidades materiais básicas estejam universalmente atendidas, a procura frenética por cada vez mais consumo material, como mera fonte de excitação e de exibição, será perpetuada.

Quase um século depois, o debate entre Lippmann e Dewey ainda é de surpreendente atualidade. As deficiências da democracia representativa, intermediada pelos meios de comunicação, num mundo de massas são mais evidentes do que nunca. Apesar do progresso material, acima das expectativas mais otimistas, o espírito comunitário foi corroído. A fronteira entre informação e publicidade comercial está cada vez menos definida. A competição materialista não dá sinais de se abrandar, mas, ao contrário, generalizou-se, atinge todas as camadas sociais em toda parte do mundo e ameaça o equilíbrio da vida na Terra. Não existe um público supranacional articulado. Infelizmente, a conclusão é inequívoca: o tempo parece ter dado mais razão ao pessimismo de Lippmann que ao otimismo de Dewey.

Volto então à alfinetada de Kissinger. Não é apenas no ambiente acadêmico que as pessoas se digladiam quando deveriam conduzir um debate racional. É da natureza humana a necessidade de simplificar para compreender, mas, no processo de esquematização necessário para a compreensão, perde-se o rumo. A reflexão é substituída pela opção emocional por um dos lados do debate, muito mais pela empatia pessoal que pela análise dos argumentos e das evidências. Uma tentação quase irresistível, primeiro porque nos poupa do penoso trabalho de pensar, mas sobretudo porque nos garante uma reconfortante sensação de certeza, que a verdadeira reflexão jamais será capaz de nos dar.

6
Os rumos do capitalismo[*]

*O mundo moderno é muito complexo para
ser reduzido a uma fórmula, uma condenação
ou uma solução. Deve ser observado sem
arroubos de entusiasmo ou de indignação.*
Raymond Aron

É POUCO PROVÁVEL QUE, antes da crise de 2008, a proposta
de analisar os novos rumos do capitalismo fosse capaz de atrair
público para um debate. Desde o final dos anos 1980, principalmente depois da queda do muro de Berlim, o sucesso da
economia capitalista globalizada — agora com a incorporação
da China transformada em uma nova locomotiva — não deixa-
va dúvidas sobre o dinamismo das economias de mercado, sua
capacidade de criar riqueza, estimular o progresso tecnológico
e garantir o crescimento.

Onde há consenso, o debate e a análise não despertam interesse. Toda unanimidade é burra, costumava repetir Nelson
Rodrigues.

Questionados sobre o futuro, a única resposta honesta é
afirmar que não temos como saber. Podemos e devemos, isto
sim, tentar compreender como chegamos até aqui e os desafios

---

[*] Publicado no *Valor Econômico*, 31 ago. 2012.

que temos pela frente. Assim entendo a tarefa proposta pelo título deste encontro, "O futuro da história: Os novos rumos do capitalismo".

O termo "capitalismo" data do final do século XIX. A expressão "o capitalista", como referência ao dono do capital, aparece antes, já no início do século XIX, utilizada por autores como David Ricardo e outros, mas "o capitalismo", como um sistema de organização social e econômica, foi cunhado por seus críticos.

O mais famoso deles, evidentemente, é Karl Marx. Muitos outros, anarquistas e socialistas, como Pierre-Joseph Proudhon e Werner Sombart, utilizaram o termo para definir uma forma de organização econômica e social em que a produção e a distribuição de bens e de serviços são de propriedade privada e têm fins lucrativos, ou seja, uma organização que visa a acumulação de capital.

O capitalismo, em várias vertentes, é dominante no mundo ocidental desde o fim do feudalismo medieval. Inicialmente sua versão primitiva, mercantilista, baseada no comércio, foi estimulada pelas oportunidades que se abriram com o avanço da navegação e as descobertas do Novo Mundo. Só com a Revolução Industrial do século XIX, quando surge o mercado de trabalho assalariado, o capitalismo adquire as características que seus críticos do fim do século XIX — Marx, sobretudo — lhe atribuem.

O fato de ter sido cunhado por seus críticos lhe confere uma conotação negativa, que foi atenuada ao longo do tempo, mas que ainda hoje não deixa de suscitar polêmica. Por isso, talvez, quando se organiza um debate — e todo debate deve ser polêmico —, a boa prática de marketing recomenda que o tema seja "o capitalismo" e não "a economia de mercado".

O sistema de preços determinados nos mercados, pela interação da oferta e da demanda, é um dos elementos do capitalismo moderno, mas o mercado competitivo é uma abstração conceitual, um tipo ideal. As economias capitalistas observadas na prática, desde o século XIX até hoje, não são homogêneas.

Formas muito distintas de organização econômica, tanto em termos de distanciamento do tipo ideal competitivo quanto em relação à propriedade exclusivamente privada do capital, são qualificadas como capitalistas. Daí os inúmeros apostos qualificativos — como mercantil, industrial, monopolista, de Estado, financeiro, corporativo — comumente encontrados quando se fala em capitalismo.

Desde sua introdução com Marx no final do século XIX até o último quarto do século XX e a derrocada do comunismo soviético, o termo "capitalismo" esteve sempre associado a uma visão crítica. Durante quase todo o século XX, a visão progressista dominante sustentou que o capitalismo, embora criador de riquezas, era intrinsecamente injusto, estimulador das desigualdades e desagregador. Por estar baseado na exploração do trabalho, transformado em mercadoria, conduzia à luta de classes, à deterioração da vida comunitária e do espírito público.

Mas nem sempre esta foi a visão intelectualmente dominante. A partir do fim do século XVI, durante todo o século XVII e parte do século XVIII, a atividade mercantil — à época ainda não chamada de capitalismo — foi vista como um fator altamente positivo e civilizatório. Com sustenta Albert Hirschman, a ideia de que o interesse individual, em contraposição às paixões, é socialmente positivo aparece no fim do século XVI. O duque de Rohan defende a tese de que o interesse econômico do príncipe, perseguido de forma racional, com prudência e moderação, serve melhor ao interesse comum, ao bem de todos, que a sociedade deixada ao sabor das paixões, da busca da glória pessoal, de acordo com o ideal heroico medieval.

A busca, metódica e ordenada, do interesse econômico individual passou a ser vista como amplamente preferível às ações dirigidas pelas paixões, violentas, desordenadas e imprevisíveis. *"La violence et le désordre des passion."*

À época, a tese progressista era de que o comércio, conduzido pelos interesses individuais, em busca de ganhos materiais, serviria de freio mais eficiente ao comportamento passional que o tradicional apelo à religião, ao dever e à moral. O comércio era visto como elemento civilizador tanto para os senhores como para seus súditos. *"Le Doux Commerce"* percebido como indutor do contato entre estrangeiros, estimulador da moderação e da probidade, entre outras virtudes.

A valorização do interesse econômico, em contraponto à paixão, ajudou a legitimar a atividade comercial. Levou à valorização da vida privada, que desde o mundo clássico até a Renascença sempre esteve relegada ao nível mais baixo da hierarquia das atividades humanas. A valorização da vida privada, por sua vez, levou ao aumento do consumo pessoal, que se transformou em elemento-chave do dinamismo capitalista da modernidade.

A valorização intelectual da busca do interesse econômico individual atingiu seu ápice ainda no século XVII, com o Iluminismo escocês. O fascínio pela ideia da busca dos interesses individuais como elemento de civilização e progresso levou à formulação da tese da "mão invisível" de Adam Smith. Perseguir interesses individuais é não só racional, como é também a melhor forma de atender ao interesse público. O bem-estar de todos estará mais bem atendido se for perseguido de forma indireta.

Em paralelo, surge a valorização do homem médio, do *"the middle rank"*, do pequeno comerciante, do pequeno empresário, que na segunda metade do século XIX, quando os ventos intelectuais já tinham mudado, são pejorativamente designados de "os burgueses" por Marx.

Os primeiros sinais da mudança dos ventos das ideias aparecem no início do século XIX. Com a Revolução Industrial, os interesses econômicos se tornaram dominantes. Surge então o lamento nostálgico pelo "mundo que perdemos", bem expresso por Edmund Burke: "A era da bravura se foi; os sofistas, os economistas e as calculadoras venceram. E a glória da Europa acabou-se para sempre". Numa reversão surpreendente, a sociedade feudal que era vista como "rude e bárbara", sempre ameaçada pelas paixões de tiranos violentos, passou a ser vista com nostalgia, baseada em valores como a honra, o respeito, a confiança e a lealdade. Valores sem os quais a sociedade movida pelos interesses individuais não poderia funcionar, mas que haviam sido erodidos por ela.

A nostalgia do mundo perdido abre caminho para novos críticos, mais duros, da sociedade capitalista. A crítica deixa de ser culturalmente nostálgica. Passa a denunciar a capacidade destrutiva, desagregadora, das novas forças liberadas numa sociedade integralmente movida pelos interesses materiais. Assim como a valorização dos interesses individuais e do comércio atingiu seu ápice com David Hume e Adam Smith, a mudança de rumo dos ventos intelectuais, a partir do fim do século XVIII, culminou com Karl Marx na segunda metade do século XIX.

Do final do século XIX até o último quarto do século XX, a crítica marxista foi intelectualmente predominante. A alternativa marxista ao capitalismo — a revolução proletária e a socialização dos meios de produção — pode ter permanecido sempre polêmica, mas a crítica marxista influenciou de forma decisiva os rumos do capitalismo no século XX.

De forma esquemática, a crítica marxista ao capitalismo tem quatro vertentes:

1. a econômica, segundo a qual o sistema seria instável, sujeito a crises recorrentes até a crise final, que abriria espaço para a alternativa socialista;
2. a social, segundo a qual o sistema seria injusto, baseado na exploração do trabalho assalariado, levaria à concentração da renda e seria incapaz de erradicar a pobreza, pois ela exerce o papel funcional de "exército industrial de reserva";
3. a política, segundo a qual a democracia capitalista é uma impostura. A alienação cultural impediria os trabalhadores de compreender que não há interesses comuns, mas sim interesses de classes, que não podem ser reconciliados na democracia representativa capitalista;
4. a cultural, segundo a qual o sistema levaria à alienação dos trabalhadores em relação aos seus verdadeiros objetivos. No capitalismo a sociedade é consumista, egoísta e alienada.

Ao longo do século XX, a crítica marxista, sempre como referência, foi sendo gradualmente enfraquecida. A crítica econômica foi desacreditada pela receita de John Maynard Keynes. Formulada depois da Grande Crise dos anos 1930, foi refinada durante os anos 1950 e 1960, até culminar com a chamada "síntese macroeconômica" dos anos 1980. A fórmula para evitar as grandes flutuações macroeconômicas das economias capitalistas havia sido encontrada. A receita era ter a dívida pública sob controle, uma política fiscal contracíclica, uma política monetária pautada por metas inflacionárias e a taxa de câmbio flutuante.

Nas últimas décadas do século XX, consolidou-se a impressão de que os ciclos macroeconômicos haviam sido finalmente eliminados. Uma nova era, a "Grande Moderação", havia chegado, com a descoberta do remédio para a instabilidade crônica da economia capitalista.

A crítica social foi aplacada pelas reformas tributárias, trabalhistas e sociais implantadas depois da Segunda Guerra. Principalmente na Europa, mas também em todo o mundo ocidental, foi criada uma rede de proteção trabalhista e de assistência social, através do significativo aumento da participação do Estado na economia. A economia capitalista do Welfare State parecia ter respondido à crítica social do capitalismo sem necessidade de suprimi-lo.

A crítica política à democracia representativa capitalista foi desmoralizada pelo autoritarismo, pela violência oficial e pela falta de liberdades cívicas dos regimes comunistas. A começar pelo soviético, mas também pelo de seus satélites no Leste Europeu, assim como em Cuba, na China e em toda parte onde o comunismo de inspiração marxista foi instaurado.

A crítica cultural inicialmente rompeu com a ortodoxia marxista, através da chamada Escola de Frankfurt, do Institute for Social Research, fundado na década de 1920, por onde passaram pensadores como Max Hockheimer, Theodor Adorno, Erich From, Herbert Marcuse e, mais recentemente, Jürgen Habermas. Depois se distancia definitivamente do marxismo e se confunde com a crítica da modernidade, como é o caso do filósofo polonês Lesleck Kolakowski, do historiador americano Daniel J. Boorstin, brilhante e pioneiro, cuja temática é retomada pelos franceses Guy Debord e Jean Baudrillard.

De forma progressiva, tanto intelectualmente quanto na prática, a crítica marxista foi perdendo força, até ser completamente marginalizada com a derrocada da União Soviética, a queda do muro de Berlim e a adesão da China ao capitalismo mundial.

Nas duas décadas desde o final dos anos 1980 até a crise de

2008, o sucesso da economia globalizada parecia ter enterrado definitivamente a crítica marxista. Todo um conjunto de ideias que serviu de pano de fundo para o grande debate intelectual e para a revisão do capitalismo do século XX parecia ter sido relegado à história do pensamento. Uma nova visão hegemônica teria se consolidado: o que se pode chamar de o otimismo do capitalismo tecnológico. Os extraordinários avanços da tecnologia, estimulados pela competição capitalista de um mundo globalizado, abririam novas e inimagináveis possibilidades.

O quadro mudou com a crise de 2008. A "Grande Moderação" conquistada com a aplicação da "síntese macroeconômica" revelou-se um equívoco. A sofisticação dos mercados financeiros, com o desenvolvimento dos mercados virtuais, dos chamados "derivativos", que em tese deveria ter sido capaz de reduzir ou dispersar riscos, mostrou-se apenas mais uma forma de exponenciar a alavancagem. Uma alavancagem impermeável aos olhos não apenas das autoridades reguladoras, mas também dos próprios dirigentes das instituições que as utilizavam.

Quando a crise eclodiu, a escala das instituições financeiras globalizadas obrigou os governos nacionais a socorrê-las. Evitou-se um grande colapso, mas à custa de um aumento expressivo da dívida pública e do passivo dos bancos centrais. Em alguns casos, como na Islândia e na Grécia, o endividamento público superou o limite tolerável e levou à quebra do Estado. Na Europa, a crise bancária está temporariamente reprimida pelo financiamento do Banco Central Europeu de Mario Draghi aos bancos centrais nacionais. Mas ainda ameaça o euro e a própria União Europeia.

Os Estados Unidos, favorecidos pela condição de emissores da moeda reserva mundial, foram capazes de reagir de forma mais radical em relação à atuação de seu Banco Central. Desde

2008, o Fed expandiu de forma agressiva seu passivo e monetizou grande parte do aumento do endividamento público decorrente do socorro ao setor financeiro.

A lição aprendida com a crise dos anos 1930 permitiu que uma nova Grande Depressão fosse evitada. Em contrapartida, a economia americana continua excessivamente endividada. Parte do excesso de dívida privada foi transferida para o setor público, mas o endividamento total, público e privado, continua excessivo.

A depressão tem custos intoleráveis, mas com a quebra generalizada elimina-se o excesso de endividamento e abre-se a porta para um novo ciclo de expansão. Ao evitar-se a quebra, impede-se a redução, catastrófica mas natural, do excesso de dívidas que precisam ser digeridas, antes que o consumo e o investimento possam retomar fôlego. Troca-se um fim horroroso por um horror sem fim.

Diante desse impasse, o autor a ser reestudado é, com certeza, Joseph Schumpeter. Economista austro-húngaro, com uma longa carreira na academia e no setor público, na Europa e posteriormente na academia americana, Schumpeter é o grande teórico dos ciclos econômicos. Já nos anos 1930, era crítico em relação à excessiva formalização matemática da teoria econômica. Segundo ele, a tentativa de mimetizar as ciências naturais, em nome do rigor metodológico, resultava na incapacidade de compreender a economia como um fenômeno social. Defensor entusiasmado do capitalismo e da fecundidade do espírito empresarial — do *entrepreneur* —, enfatizou a importância da "destruição criativa" do capitalismo, como mola propulsora dos avanços em todas as esferas da sociedade. Ao se controlar artificialmente as forças cíclicas naturais do capitalismo, pode-se ter esclerosado grande parte de suas virtudes, de sua força criativa e renovadora.

A economia americana está estagnada. Assim como o Japão está paralisado há mais de quinze anos, depois do fim de uma bolha imobiliária, os Estados Unidos também deverão ficar em estado estacionário por mais algum tempo, até que o excesso de dívida seja digerido. A economia chinesa foi capaz de sustentar altíssimas taxas de crescimento, mesmo depois da crise de 2003. Serviu de locomotiva principalmente para os países exportadores de matérias-primas, como o Brasil, e impediu que a economia mundial como um todo estagnasse, mas já há sinais de que também os chineses estão num processo de desaceleração.

Quatro anos depois do início da crise, ainda não há solução à vista. Não há nem mesmo consenso sobre como proceder. O debate hoje, tanto na Europa como nos Estados Unidos, parece estar polarizado entre o imperativo contraditório de manter o endividamento público sob controle e de relançar o crescimento, através do estímulo keynesiano de mais gastos públicos. A ortodoxia fiscal é defendida primordialmente pelos republicanos nos Estados Unidos e pela Alemanha na Europa. A política fiscal anticíclica keynesiana é defendida pelos democratas nos Estados Unidos e pela França de François Hollande.

À primeira vista, crescer parece ser a solução. O crescimento reduz o valor relativo das dívidas. Sem crescimento, ao contrário, as dívidas nunca serão digeridas. A lógica sugere que não se deve tentar controlar a dívida pública enquanto a economia está estagnada, pois o resultado é uma política fiscal pró-cíclica, que pode levar à queda da renda e ao agravamento da relação entre a dívida pública e o produto.

Ocorre que a terapia keynesiana foi concebida para a economia que passou pela depressão e eliminou o excesso de dívidas, ou seja, para a economia que está paralisada, mas pronta para reagir ao estímulo dos gastos governamentais. Os gastos públicos funcionam então como um motor de arranque, capaz de relançar o consumo e o investimento, numa economia devastada pelas quebras generalizadas.

O aumento dos gastos públicos é questionável numa economia ainda com excesso de dívidas públicas e privadas. Consumidores sobre-endividados poupam toda renda adicional para reduzir suas dívidas. Governos sobre-endividados, que gastam mais do que arrecadam, correm o risco de perder a credibilidade e não ser mais capazes de refinanciar suas dívidas. Uma verdadeira sinuca de bico.

A aplicação do remédio keynesiano é hoje, efetivamente, questionável. A possibilidade de que estejamos próximos de duas restrições, que ainda eram distantes nos anos 1930, exige repensar os rumos do capitalismo.

A primeira possível restrição é o limite do tolerável — no sentido de não vir a se tornar disfuncional — da participação do Estado na economia. Em toda parte, até mesmo onde o capitalismo nunca foi seriamente questionado, como nos Estados Unidos, houve ao longo do século XX um sistemático aumento da carga fiscal e da participação do Estado na renda nacional. As respostas, tanto para a crítica econômica — da instabilidade intrínseca — quanto para a crítica social — da desigualdade crônica — ao capitalismo, levaram ao aumento da participação do Estado na economia.

A segunda nova restrição é a proximidade dos limites físicos do planeta. É claro que não será possível continuar indefinidamente com a série de ciclos de expansão do consumo material, alimentado pela turbina do crédito, até uma nova crise, que só se resolve com mais crescimento. A menos que haja uma mudança tecnológica radical, será preciso encontrar a fórmula do aumento do bem-estar numa economia estacionária. A mudança tecnológica não parece provável, pois a questão do meio ambiente é um caso clássico de bem público que o mercado não precifica de forma correta.

Pode-se dizer que os problemas do capitalismo são decorrentes de seu sucesso. As respostas desenvolvidas para aplacar as críticas, quanto à instabilidade intrínseca e à injustiça social, levaram a um extraordinário aumento do consumo material e da participação do Estado na renda.

Duas críticas, uma à direita e outra à esquerda, depois de um longo período em que ficaram abafadas pelo sucesso do capitalismo de massas, merecem ser reavaliadas. A primeira, à direita, a da chamada Escola Austríaca, é quanto ao risco do aumento crônico da intermediação do Estado na economia. Um de seus expoentes, Hayek, tem sido contraposto a Keynes na questão das políticas anticíclicas, mas esta não me parece sua contribuição relevante. É em seu papel de defensor do mercado, como insuperável transmissor de informação e estimulador da criatividade, que se pode encontrar a mais coerente e fundamentada análise dos riscos econômicos e sociais do aumento do papel do Estado.

A crítica à esquerda diz respeito ao risco do consumismo. A tese da alienação consumista permeia a crítica cultural do capitalismo de massas desde a Escola de Frankfurt até os novos teóricos da sociedade do espetáculo. Já há, neste curto período desde a crise de 2008, sinais de que a crítica cultural ao capitalismo será retomada. Dois livros recém-lançados questionam o capitalismo como uma troca faustiana — *How Much is Enough?* [Quanto é suficiente?], de Robert e Edward Skidelsky, e *O que o dinheiro não compra*, de Michael Sandel. Ao transformar todas as esferas da vida numa questão de cálculo financeiro, ganhamos capacidade de criar riqueza, mas em contrapartida nos tornamos insaciáveis. A busca desenfreada por crescimento econômico, por mais consumo material, nos levou a esquecer por que queremos mais. Mais consumo material tornou-se um objetivo em si mesmo. Sandel sustenta que a comercialização de algumas esferas da vida corrompe seu significado. Ecos da crítica marxista à "comoditização" e à alienação capitalista.

Será preciso superar o fosso profundo do preconceito ideológico — enraizado por um século de debate rancoroso — para encontrar a síntese destas duas vertentes críticas e achar respostas para o que me parecem as duas grandes questões de nosso tempo. Primeiro como reduzir a disparidade dos padrões de vida sem aumentar a intermediação do Estado e restringir as liberdades individuais. Segundo, como reverter o consumismo, a insaciabilidade material, sem reduzir a percepção de bem-estar.

São grandes desafios, sem dúvida. A competição capitalista me parece imprescindível para que seja possível encontrar as respostas aos problemas criados por seu sucesso. Só a pluralidade das ideias, que foi capaz de desmistificar todo tipo de autoritarismo — seja o religioso, o fundamentalista ou o ideológico — e criar a cultura da autonomia do indivíduo, será capaz de fazer a revisão cultural que as circunstâncias exigem, sem sacrificar as conquistas do Iluminismo.

7
A propósito do otimismo[*]

*Todas as religiões, quase todas
as filosofias e até mesmo parte da ciência
testemunham o esforço heroico,
inesgotável, da humanidade para
desesperadamente negar sua contingência.*
Jacques Monod

DANIEL KAHNEMAN, o psicólogo laureado com o Nobel de economia, sustenta que, se nos fosse dada a oportunidade de escolher uma única característica para nossos filhos, não deveríamos hesitar: que sejam otimistas. Parece haver uma alta correlação entre o otimismo e a felicidade. O otimismo é um traço hereditário, tanto quanto a inteligência, a altura e a cor dos olhos. Que melhor presente para aqueles a quem queremos bem do que lhes transmitir a propensão para a felicidade?

Por duas vezes, em menos de um ano, ao terminar uma análise sobre os rumos da economia mundial, me recomendaram a leitura de *The Rational Optimist* [O otimista racional]. As indicações partiram de pessoas inteligentes, por quem tenho apreço. Não que eu esteja particularmente pessimista, mas devo andar soando muito pessimista. É verdade que tenho fama de pessimista. Nunca me importei com isso, considero quase um

---

[*] Publicado na revista *Piauí*, jan. 2013, pp. 14-7.

elogio. Refuto com mais indignação a acusação contrária, de um amigo fraterno, segundo o qual faço uso permanente de um par de óculos cor-de-rosa que não me deixariam ver a sombria realidade como ela é. O fato é que um otimista racional me parece uma contradição em termos, soa como um oximoro.

Antes de encomendar o livro, procurei saber quem era o autor. Descubro que Matt Ridley é o quinto visconde de Ridley, tem doutorado em zoologia pela Universidade de Oxford e em 2011 seu livro ganhou o prêmio Hayek, conferido à publicação que mais bem representa a visão do mestre austríaco sobre a liberdade econômica. Aprendo ainda que ele era presidente do conselho de administração do Nothern Rock, o banco inglês que quebrou com grande estardalhaço, imediatamente depois da eclosão da crise de 2008. Sorri, e adiei a leitura que só recentemente decidi levar adiante.

Segundo Kahneman, em seu último livro *Rápido e devagar: duas formas de pensar*, a grande maioria das pessoas se acha mais competente do que realmente é e percebe o mundo como mais benigno do que ele é na realidade. Tem assim a impressão de que seus objetivos são mais facilmente alcançáveis do que de fato são. Além disso, achamos que nossa capacidade de prever o futuro é muito maior do que é efetivamente possível. O viés otimista, segundo Kahneman, o mais importante dos vieses cognitivos, está presente em todos nós. De certa forma, somos todos otimistas, mas alguns afortunados são mais otimistas que a média. O otimista é alegre e animado, estimado por todos, persistente diante das dificuldades e resistente aos fracassos. Tem probabilidade reduzida de passar por depressões e seu sistema imunológico é menos vulnerável. Toma mais cuidado com a saúde, sente-se mais saudável e vive efetivamente mais. Além de mais felizes, os otimistas têm um papel desproporcionalmente importante na configuração do mundo em que vivemos.

A PROPÓSITO DO OTIMISMO

Suas iniciativas são determinantes, pois são primordialmente eles os inovadores e os empreendedores.

Esta é essencialmente a tese do livro de Ridley. Antes de ser uma defesa do otimismo, é uma defesa da livre-iniciativa, do livre-comércio, um libelo contra todo tipo de cerceamento das liberdades individuais. Ele lamenta que, hoje, tenha se tornado axiomático o fato de que o livre mercado não apenas estimula o egoísmo, mas o exige. Como sustenta Michael Sandel, em *O que o dinheiro não compra*, a ideia de que a comercialização de todos os aspectos da vida é corrosiva do espírito público e de comunidade tem ganhado cada vez mais força nos últimos tempos.

Em *The Rational Optimist*, Ridley retoma a tese contrária, a dos filósofos do Iluminismo inglês, segundo os quais o comércio é indutor da confiança entre estranhos, fonte de virtude e criador de riqueza. Onde há comércio, tanto a criatividade como a compaixão florescem. Os governos e a burocracia é que são inerentemente antiliberais. São constituídos primordialmente para se apropriar da riqueza gerada pela iniciativa privada. Segundo ele, há um padrão que resiste há mais de 6 mil anos: os comerciantes criam riqueza e os políticos a estatizam. Para Ridley, a abertura comercial leva à prosperidade, e a opção pela autarquia conduz à pobreza — essa é a lição da história, tão gritante que é difícil acreditar que se possa defender o contrário.

Compreende-se que o livro tenha sido laureado com o prêmio Hayek. Ridley parece realmente um liberal progressista, não um conservador sob o manto do liberalismo, como é mais comum nos dias de hoje. Sustenta que os empresários, apesar de proclamarem o contrário, são sempre contra o mercado competitivo. Em conluio com a burocracia, criam todo tipo de barreiras à competição, organizam-se em oligopólios, tornam-

87

-se ineficientes e sem criatividade. Ridley é contra as patentes e a propriedade intelectual — o que é raro. Para ser coerente com seu liberalismo, deveria manifestar-se também contra as restrições à imigração, à liberdade de ir e vir, de decidir onde viver, talvez uma das mais básicas das liberdades. Mas seria pedir demais, concedo.

Não me surpreende que meus amigos tenham gostado do livro de Ridley. Num mundo cada vez mais esclerosado pela burocracia e soterrado de impostos, a defesa à livre-iniciativa e à desconfiança, à la Hayek, de todo tipo de intervenção governamental é compreensível. Mas a recomendação me foi feita não pela defesa da livre-iniciativa — apesar de alguma desconfiança, não sou visto por eles como antiliberal. Recomendaram-me, acredito, para que eu ouvisse as razões do otimismo. O argumento de Ridley a favor do otimismo me parece, efetivamente, mais interessante que sua defesa da livre-iniciativa. Mais interessante porque menos convencional e aparentemente menos polêmico. Embora ele pretenda que seu otimismo seja indissociável da livre-iniciativa econômica, os fundamentos de seu otimismo não dependem, como ele quer fazer crer, da aceitação da superioridade do livre merca-do. Ao contrário, têm raízes profundas na mentalidade, tanto à esquerda quanto à direita, do homem moderno. Trata-se, essencialmente, da crença no progresso da humanidade. Nem seus argumentos nem suas evidências são novos, mas, apresentados de forma ordenada e abrangente para sustentar a tese do progresso da humanidade, impressionam.

Os avanços dos últimos três séculos foram efetivamente extraordinários. Desde o Iluminismo, a superstição e a religiosidade opressiva foram relegadas a um segundo plano. O uso predominante da razão, como ferramenta de conhecimento do mundo, levou à mentalidade científica, à Revolução Industrial

A PROPÓSITO DO OTIMISMO

e tecnológica. A melhoria da qualidade de vida, desde o fim do século XVIII, não tem precedentes em toda a história da humanidade. Depois de resenhar as muitas esferas onde o progresso foi sistemático e contínuo nos últimos séculos, Ridley volta suas baterias contra os pessimistas, contra todos aqueles que insistem em anunciar que o fim dos bons tempos está próximo. Recorre a John Stuart Mill para lembrar que, infelizmente, "não é aquele que tem esperança quando há desespero, mas aquele que se desespera quando há esperança que é admirado por muitos como sábio". Segundo ele, hoje não faltam profetas do apocalipse travestidos de sábios. Os ecologistas, aqueles que sustentam que os limites físicos do planeta estão próximos, são o alvo principal de suas críticas.

Ridley assume que os pessimistas talvez tenham razão num ponto: se o mundo continuar como é, terminará em desastre. Ocorre que o mundo não continuará a ser como é. Essa é a essência da noção de progresso. O verdadeiro perigo está na redução da velocidade das mudanças. Ridley sustenta que a humanidade se tornou uma "máquina coletiva de resolver problemas". Uma máquina que resolve desafios por meio da mudança na forma de ser e agir, uma máquina que funciona através de inovações e invenções.

Segundo Ridley, essas inovações são estimuladas pelo mercado, pela escassez que eleva os preços e estimula o desenvolvimento de alternativas e os ganhos de eficiência. O argumento, mais uma vez, não é original. O progresso tecnológico, a seu tempo, se encarregará de resolver tudo. Ridley incorre, entretanto, num erro primário, mas infelizmente frequente. Serve-se da tese do mercado, do sistema de preços como transmissor de informações, para desqualificar o argumento dos riscos ecológicos. A grande maioria dos danos ecológicos, como a destruição da fauna, a poluição do ar, dos rios e dos oceanos, é exemplo de bens públicos em que não há custo para o indivíduo que deles desfruta, mas há um custo coletivo. Os bens públicos são o caso clássico da chamada falha de mercado. Bens cujo custo coletivo do consumo não é passível de ter preço determinado pelo mercado. Em relação à questão dos limites físicos do planeta, da destruição do meio ambiente provocada pela ação humana, confiar no sistema de preços de mercado — uma máquina efetivamente extraordinária de resolver problemas, como sustenta Hayek — não faz sentido. Qualquer aluno do curso básico de microeconomia deveria saber disso.

Em relação à questão ecológica, mais que qualquer outra, para que a tese otimista seja defensável é preciso que ela seja reformulada, que não dependa exclusivamente do mercado e do sistema de preços. Os estímulos do sistema de preços não são os únicos responsáveis pela engenhosidade e imaginação humanas. A tese do otimismo só é defensável se desvinculada da defesa ideológica do mercado mesmo quando o mercado for reconhecidamente incompetente.

É possível argumentar que o ser humano é um animal excepcionalmente adaptável, que a partir do momento que desenvolveu a capacidade de se comunicar verbalmente, e sobretudo por escrito, houve uma descontinuidade em seu processo darwiniano de adaptação ao meio ambiente. Tornou-se o único animal capaz de modificar seu modo de ser e agir muito mais rapidamente do que faria através de sua mutação genética. A velocidade do processo de evolução cultural é muito maior que a do processo de evolução biológica. Os "memes", na terminologia do evolucionista inglês Richard Dawkins, são ainda mais eficientes que os gens. Os memes, na polêmica mas ilustrativa analogia de Dawkins, seriam unidades culturais equivalentes aos genes, que dariam à evolução das ideias características semelhantes às do processo da evolução biológica. A capacidade de adaptação do ser humano não pode ser subestimada. Portanto, se e quando ficarem claros os sinais de que os limites físicos do planeta estão efetivamente próximos, a imaginação e a engenhosidade humanas saberão se adaptar. A continuidade da trajetória de progresso ilimitado estaria garantida — essa é a versão ilustrada da tese otimista. A concepção de uma inventividade humana que responde exclusivamente a estímulos comerciais e considera o mercado a principal fonte de transmissão cultural sofre de um primarismo ideológico que desqualifica o argumento do otimismo. Recorro, assim como Ridley recorreu para questionar o prestígio dos pessimistas, a John Stuart Mill: a ideia de uma sociedade estruturada apenas pelas relações e sentimentos suscitados pelo interesse pecuniário é essencialmente repulsiva.

Para que o progresso da humanidade não seja interrompido, para que o ser humano seja capaz de se adaptar, de continuar a fazer avanços tecnológicos que o impeçam de esbarrar nos limites físicos do planeta, é preciso que os sinais sejam recebidos e compreendidos. É aqui que entra o pessimista. O pessimista é quem capta os sinais de perigo e soa o alarme.

Mas retomemos a tese otimista. O argumento do otimismo, quando não tacanhamente reduzido apenas aos estímulos de mercado, parte da evidência de que a humanidade progrediu e que o progresso se acelerou de forma acentuada nos últimos três séculos. A partir do século XVIII, o progresso material, o aumento da população e da qualidade de vida, se acelerou. Esse progresso deve-se à especial capacidade de adaptação do ser humano, cuja engenhosidade, uma vez livre das amarras da superstição religiosa e do autoritarismo despótico, permite compreender, controlar e moldar seu ambiente como nenhuma outra espécie. Como o conhecimento científico e o progresso são cumulativos, possivelmente exponenciais, não há limite para a evolução da humanidade, que apenas deu início à sua fase científico-tecnológica.

Mas concluir que, se houve progresso até aqui, continuará a haver sempre progresso não é uma inferência lógica, como pretendem os otimistas, mas sim uma profissão de fé. Este é o ponto central de *Cachorros de palha*, o brilhante e perturbador livro de John Gray. Acreditar no progresso contínuo e ilimitado é uma fé, e, como toda fé, tem raízes religiosas. O humanismo liberal de hoje tem o mesmo poder de convencer e tranquilizar que tiveram no passado as religiões reveladas, mas sua crença central no progresso ilimitado não passa de uma superstição, tão ou mais distante da verdade sobre o animal humano que qualquer religião. O progresso científico é um dado, mas o progresso da humanidade é um mito. O humanismo não é uma ciência, mas uma religião. Uma religião cujo dogma é o progresso da humanidade, a fé de que a humanidade pode e criará um mundo melhor que o atual. Curioso é que o termo "otimismo", cunhado no início do século XVII, não tinha o sentido atual, de uma visão esperançosa do futuro. Significava quase o oposto disso: o mundo, criado por um Deus todo benevolente, era ótimo, o melhor dos mundos possíveis, e, portanto, não poderia ser melhorado. É esse otimismo, em seu sentido original, que foi criticado por Voltaire, com bom humor, em *Cândido, ou o Otimismo*, e por Schopenhauer, com mau humor, em *O mundo como vontade e representação*, ao argumentar que o absurdo do otimismo salta aos olhos, e seu oposto — que vivemos no pior dos mundos possíveis — é mais defensável.

O que se entende hoje por otimismo é algo bem distinto: a esperança num futuro melhor. O otimista, no sentido contemporâneo, deveria ser mais corretamente chamado de esperançoso. As origens religiosas do otimismo em sua versão original são bem conhecidas, mas as raízes religiosas do otimismo moderno, do humanismo secular, são menos. Os positivistas franceses Auguste Saint-Simon e Auguste Comte criaram a religião da humanidade, uma visão do progresso da civilização baseada na ciência. A conotação religiosa da noção de progresso fica mais evidente quando se compreende que o otimismo humanista é a esperança de que a vida seja melhor no futuro. Essa é uma noção essencialmente cristã. Até o cristianismo, a história era entendida como cíclica, sem propósito nem direção. O cristianismo é que introduziu a noção de uma trajetória de queda e redenção. O otimismo humanista adaptou a doutrina da salvação cristã transformando-a num projeto de emancipação da humanidade. Como sustenta John Gray, a ideia de progresso é uma versão laica da crença cristã na providência divina.

O conhecimento é efetivamente cumulativo, possivelmente até mesmo exponencial, mas a vida humana não é uma atividade cumulativa. Não há garantia de que aquilo que avançou numa geração não vá ser integralmente perdido na próxima. Quem tiver dúvida não deve deixar de ler Stefan Zweig em *O mundo de ontem*. Intelectual sofisticado, judeu austríaco, nascido em 1880, Zweig conheceu o apogeu da Europa antes de 1914, um mundo interligado e civilizado, do qual Viena, sua cidade natal, era a expressão máxima. Um mundo que começou a ruir com a eclosão da Primeira Guerra, desintegrou-se no período que se seguiu, até desembocar na Segunda Guerra. No início dos anos 1940, Zweig exilou-se no Brasil. Ainda encontrou forças para escrever *Brasil, um país do futuro*, um elogio otimista ao país que escolheu para se refugiar, mas não resistiu ao desmoronamento de seu universo: em 1942, em Petrópolis, suicidou-se com sua mulher. Nada substitui a leitura do belo livro de Zweig, mas o tom de seu libelo contra o otimismo do século XIX pode ser avaliado por algumas frases: "O pior é que foi justamente o sentimento que mais valorizávamos — nosso otimismo compartilhado — que nos traiu. Nosso idealismo, nosso otimismo baseado no progresso, nos levou a avaliar mal e a subestimar o perigo. O século XIX operava sob a ilusão de que todos os conflitos poderiam ser resolvidos pela racionalidade. Mal sabíamos, em nosso comovente liberalismo otimista, que cada novo dia que vem raiar em nossa janela pode esmagar nossa vida".

Para refrescar a memória da barbárie do século passado, como contraponto às evidências do livro de Ridley, recomendo a leitura dos primeiros capítulos de *Pós-guerra: uma história da Europa desde 1945*, do historiador inglês Tony Judt. Seu livro começa com o fim da Segunda Guerra, período posterior à morte de Zweig, uma época que nos acostumamos a considerar como a mais próspera de todos os tempos. Como afirma Gray, o que faz o século XX especial não é o fato de que ele tenha sido repleto de genocídios, mas sim a escala dos assassinatos em massa. Sobretudo o fato de que foram premeditados e perpetrados em nome de projetos ambiciosos de melhora da humanidade. As evidências raramente são conclusivas, pois primeiro tomamos partido, depois as interpretamos. Pode ter havido avanços no século passado, mas não faltaram barbárie e sofrimento infringidos em nome do progresso.

A noção de progresso se apoia na crença de que o aumento do conhecimento e o avanço da espécie, ao menos no longo prazo, andam juntos, mas não há razão para acreditar que assim seja, apenas esperança. O mito de Prometeu, acorrentado por ter se apoderado do fogo dos deuses, assim como o de Adão e Eva, condenados pela tentação irrefreável, contêm uma verdade que nos é profundamente desconfortável: o conhecimento não nos libera de nossa condição de ser apenas mais um animal sobre a Terra. É por isso que Gray afirma que nos últimos dois séculos a filosofia se voltou contra a fé, mas não se livrou do principal equívoco do cristianismo: a crença de que os homens sejam radicalmente diferentes dos outros animais.

Abrimos mão da ilusão da individualidade preservada depois da morte, da esperança religiosa na vida eterna, baseada na fé, mas insustentável diante do avanço da razão, e as substituímos pela ilusão do avanço eterno da humanidade. Ainda que assim fosse, que a humanidade efetivamente progredisse — seja lá o que se entenda por progresso da humanidade —, que nos importa, a nós individualmente condenados a envelhecer e a morrer? Por que motivo o progresso da humanidade deveria nos reconfortar de uma vida de sofrimentos, doença e morte? Por que deveríamos estar dispostos a nos oferecer em sacrifício no altar do progresso desse ser abstrato que denominamos "a humanidade"? Poder-se-ia argumentar que a compaixão, a capacidade de empatizar com o outro, que faz de nós um animal social, que nos une, não apenas àqueles que conhecemos e que nos são próximos, mas até mesmo aos desconhecidos, a todos com quem compartilhamos a Terra, seria o amálgama de nossa identificação com a humanidade. Mas são coisas muito distintas. Uma coisa é a compaixão por nossos contemporâneos, mesmo em relação a suas condições de vida depois de nossa morte. Também a compaixão pelos que nos antecederam, cuja história conhecemos, faz sentido. Mas, se aceitamos a morte como definitiva, é difícil sustentar que o eventual progresso de uma entidade abstrata, com a qual nada compartilharemos, possa ser invocado para minorar nossa dor.

Precisamos desesperadamente encontrar um sentido para a existência. Despidos da religiosidade tradicional, já não podemos mais crer na sacralidade da vida. Passamos então a crer no progresso da humanidade. Infelizmente, trocamos uma bela e reconfortante ilusão por um mito arrogante. É essa arrogância que aparece no desprezo pelo planeta, que subordina toda biodiversidade ao nosso instinto predador, que nos faz acreditar sermos capazes de controlar o mundo e o destino.

Talvez não possamos prescindir de algumas ilusões. A esperança é com certeza uma delas. Talvez por isso o otimismo nos faça bem. Ter esperança de que as coisas vão melhorar quando estão mal, de que seremos capazes de realizar os desafios que nos impusemos, de que iremos em frente, mesmo sem saber o que significa ir em frente, parece fundamental para nossa saúde física e emocional. Mas é preciso ter esperança sem procurar razões para ter esperança. Aceitar a contradição entre nosso impulso vital, que é a esperança, e a razão, que é o instrumento de que dispomos para nos guiar num mundo perigoso. Um mundo implacável, do qual temos dificuldade de extrair sentido. A razão deveria nos fazer cautelosos, sóbrios e humildes. A razão toma nota, faz o mapa de nosso entorno, soa o alarme, alerta para os riscos. Por isso é essencialmente pessimista, sempre atenta para o que pode dar errado, para os riscos do desconhecido. A esperança é humilde e essencialmente irracional. Há uma insuperável contradição entre a racionalidade e o otimismo. Uma contradição vital, da qual dependemos e não podemos prescindir. Quando pretendemos superar essa contradição, explicar o otimismo pela razão, traímos a razão. Quando a esperança se torna arrogante, traímos a esperança.

8
Além da conjuntura[*]

*O amor ao dinheiro, além de como meio
para aproveitar a vida, é uma dessas
propensões semicriminosas, semipatológicas,
que deveriam ser displicentemente relegadas
aos especialistas em doenças mentais.*
John M. Keynes

O CRESCIMENTO ECONÔMICO superou as fronteiras da economia: invadiu a política e permeia todas as dimensões do debate público. Define o bom e o mau governo, quem ganha ou perde eleições, tornou-se a força motora da sociedade. Por que e para que crescer são perguntas que deixaram de ser feitas. Não costumamos nos questionar sobre o óbvio. Num estudo recente, "Is U.S. Economic Growth Over? Faltering Innovation Confronts the Six Headwinds" [O crescimento da economia americana acabou? O recuo da inovação confronta seis ventos contrários], o economista americano Robert J. Gordon, professor da Universidade Northwestern, procura responder a uma pergunta mais simples: o rápido crescimento a que nos acostumamos pode ser indefinidamente mantido? Sua conclusão é negativa. Ao contrário do que se assume, não há garantia de que o crescimento seja um processo contínuo e permanente.

[*] Publicado no *Valor Econômico*, 21 dez. 2012.

A teoria do crescimento econômico, desde que Robert Solow e Trevor Swan, de forma independente, no final da década
de 1950, expandiram o modelo pioneiro de Roy Harrod e Ev-
sey Domar, nunca questionou a hipótese de que fosse possível
crescer indefinidamente. O modelo Solow-Swan tornou-se a
referência da teoria neoclássica do crescimento, segundo a
qual o crescimento de longo prazo é função da acumulação
dos fatores capital e trabalho e do progresso tecnológico. Foi
inicialmente usado para demonstrar que, no curto prazo, o
crescimento dependia da taxa de poupança, mas, no longo prazo, não. Dado o crescimento da força de trabalho e o ritmo do
progresso tecnológico, consideradas duas variáveis exógenas
fora do controle da política econômica tradicional, a taxa de
poupança e investimento determina o crescimento de curto
prazo. Dado que o retorno do capital é decrescente, a taxa de
crescimento sustentável a longo prazo, chamada de taxa de
steady state, independe da taxa de poupança. Como indica
o nome, a taxa de *steady state* é uma taxa de crescimento da
renda per capita indefinidamente sustentável. A taxa de poupança determina a velocidade de convergência para a taxa de
steady state, mas essa taxa sustentável de longo prazo depende
exclusivamente do progresso tecnológico.

O modelo de Solow-Swan tem algumas implicações importantes. A primeira é que o crescimento das economias mais
atrasadas deveria convergir para o das economias avançadas.
Apenas a velocidade dessa convergência dependeria da taxa de
poupança. Aquelas que conseguissem poupar e investir mais
convergiriam mais rapidamente para a fronteira das economias avançadas. A segunda é que o progresso tecnológico é o
principal determinante da taxa de crescimento de longo prazo
das economias avançadas. Estudos empíricos posteriores, do
próprio Solow e de seus seguidores, concluíram que o progres-

so tecnológico é responsável por dois terços do crescimento de longo prazo. O terço restante está associado ao aumento da produtividade do trabalho através da educação. Portanto, a hipótese de que exista um crescimento indefinidamente sustentável — um crescimento de *steady state* — está baseada numa hipótese anterior, não questionada, de que o ritmo do progresso tecnológico dos últimos três séculos deverá continuar indefinidamente. Esta é justamente a hipótese examinada por Robert J. Gordon.

Até meados do século XVIII praticamente não houve crescimento do produto per capita. Todo crescimento advinha do crescimento da população. O crescimento é uma relativa novidade. A revolução intelectual do Iluminismo, iniciada na segunda metade do século XVII, levou a tais avanços tecnológicos, a partir de meados do século XVIII, que transformou toda a economia e a sociedade e levou à Revolução Industrial do século XIX. O rápido crescimento das economias avançadas, na fronteira tecnológica, passou a pautar o imperativo do desenvolvimento econômico durante todo o século XX. Criou-se a noção de atraso — ou de subdesenvolvimento — para as economias em que o crescimento era inexistente ou limitado, a reboque do comércio com as economias centrais e dependentes do dinamismo das sociedades avançadas. Todo um campo de estudos, a teoria do desenvolvimento e do subdesenvolvimento, foi criado a partir de meados do século passado. O modelo de Solow-Swan continuou como referência tanto para o estudo do crescimento das economias avançadas como para as economias em desenvolvimento.

Para a teoria do subdesenvolvimento, em que o debate ideológico foi mais polarizado, o modelo neoclássico de crescimento, ainda como referência, foi mais utilizado para ressaltar suas deficiências. O principal alvo das críticas foi a conclusão simplista de que a superação do subdesenvolvimento dependeria exclusivamente da capacidade de aumentar a taxa de poupança — que no modelo neoclássico é sempre igual à taxa de investimento. Muitas outras restrições, além da insuficiência de poupança, se interpunham entre as economias subdesenvolvidas e as economias avançadas. A tese — que inflamou corações e mentes — de que desenvolvimento e subdesenvolvimento seriam duas faces de uma mesma moeda questionava a própria ideia de que poderia haver convergência para a taxa sustentável de longo prazo da fronteira tecnológica. Não poderia haver economias desenvolvidas sem economias subdesenvolvidas, pois elas estavam numa simbiose funcional. A conclusão neoclássica, tomada ao pé da letra, é realmente simplista. Todo modelo é uma aproximação estilizada cujo propósito é realçar aspectos de uma realidade complexa. Embora os críticos do modelo neoclássico tivessem razão, pois o aumento da poupança não é condição suficiente para garantir o desenvolvimento, jogaram fora o bebê com a água do banho: esqueceram-se de que aumentar a poupança, pública e privada, sempre foi condição necessária para o crescimento.

A possibilidade de que o crescimento das economias avançadas, ainda que sujeito a crise recorrentes, não pudesse ser sustentável a longo prazo nunca foi questionada fora da tradição marxista. O próprio Marx, que duvidava do crescimento capitalista a longo prazo, sustentava que, uma vez passada a crise definitiva e inevitável do capitalismo, a economia socializada retomaria indefinidamente sua trajetória de crescimento. É justamente a hipótese do crescimento sustentável a perder de vista das economias avançadas que Robert J. Gordon não considera plausível. Seu trabalho sugere que o crescimento acelerado dos últimos três séculos tenha sido atípico, um episódio singular na história da humanidade. Para sustentar sua tese, Gordon analisa as economias que estavam na fronteira tecnológica nestes últimos séculos: a inglesa, do século XIV até o início do século XX, e a americana, a partir daí até hoje. Reza o modelo neoclássico que o crescimento das economias da fronteira tecnológica estabelece o ritmo de crescimento possível de longo prazo, para o qual, depois de um período de crescimento acelerado, devem convergir as demais. Na tradição de Solow-Swan, Gordon não se preocupa com as flutuações macroeconômicas de curto prazo. Desconsidera até mesmo a crise financeira de 2008, ao examinar se o crescimento econômico da economia americana — ainda hoje na fronteira tecnológica — poderá manter as taxas observadas nos últimos 250 anos.

Gordon subdivide o período de rápido crescimento dos últimos séculos em três revoluções tecnológicas. A primeira, de 1750 a 1830, foi liderada pela introdução do motor a vapor e das estradas de ferro. A segunda, de 1870 a 1900, se deu com a introdução da eletricidade, da água encanada e do motor a combustão interna. Finalmente, a terceira revolução, de 1960 até hoje, é baseada na informática, na introdução dos computadores, dos telefones móveis e da internet. A segunda, que com suas invenções transformadoras, concentradas nas três últimas décadas do século XIX, levou à Revolução Industrial, foi sem dúvida a mais importante. A propagação integral dos efeitos das primeiras revoluções tecnológicas levou aproximadamente cem anos. Até a década de 1970, a economia ainda estava sendo transformada pelos impactos derivados da segunda revolução tecnológica.

O ponto central do argumento de Gordon é que a partir dos anos 1970, quando os efeitos transformadores das duas primeiras revoluções tecnológicas finalmente se esgotaram, houve uma significativa redução do ritmo de crescimento da produtividade. A terceira revolução, a da informática e da internet, que tem início nos anos 1960 e atinge seu auge na última década do século passado, não teve o mesmo impacto sobre a produtividade. Grande parte de seus benefícios, a substituição do trabalho burocrático rotineiro pelo computador, esteve concentrada nas décadas de 1970 e 1980. Desde então, deixaram de ter efeito transformador sobre a economia. As invenções posteriores, especialmente as surgidas desde o início do século XXI, estão centradas nas comunicações e no entretenimento. Aparelhos menores, mais charmosos, poderosos e eficientes foram criados, mas sem a mesma capacidade de aumentar a produtividade e de transformar a qualidade de vida como as inovações dos séculos anteriores.

Os grandes ganhos das primeiras revoluções tecnológicas foram excepcionais, tiveram importantes impactos secundários que levaram décadas para ser integralmente incorporados, mas não deverão se repetir. A revolução da informática teve muito menos impacto sobre a qualidade de vida, seus efeitos secundários foram restritos e mais rapidamente incorporados. Por mais impressionantes que as inovações da era da informática possam parecer, nada as compara ao efeito transformador sobre a vida que tiveram, por exemplo, a luz elétrica e a água encanada. Quem, obrigado a escolher entre seu telefone portátil de última geração e a água encanada, optaria pela maravilha da informática? Quem estaria disposto a abdicar da luz elétrica, sem a qual a quase totalidade das invenções do século passado não teria sido possível? Para ilustrar a importância relativa das primeiras revoluções tecnológicas, Gordon lembra que a taxa anual de aumento da expectativa de vida na primeira metade do século XX foi três vezes superior à da segunda metade do século. O processo de inovação tecnológica deverá prosseguir, mas o grande salto das invenções dos séculos XVIII e XIX foi verdadeiramente extraordinário. Não deverá se repetir. Os benefícios da revolução da informática têm alcance mais limitado. Como disse o próprio Robert Solow: "Pode-se perceber a era dos computadores em toda parte, menos nas estatísticas de produtividade".

Retomemos então o argumento. O crescimento sustentável de longo prazo é dado pelo impacto do progresso tecnológico na produtividade. A economia americana é ainda hoje a economia da fronteira tecnológica. Seu crescimento desacelerou nas últimas décadas e, a crer nas evidências de Robert J. Gordon, essa desaceleração não reflete fatores conjunturais cíclicos. Não pode ser creditada exclusivamente à crise financeira de 2008, como assume a grande maioria das análises, mas está associada ao esgotamento da onda transformadora da Revolução Industrial. O progresso tecnológico da revolução da informática não tem o mesmo poder transformador, não se vê refletido na produtividade. A desaceleração da economia americana veio para ficar. As economias avançadas irão crescer muito menos daqui para a frente.

A boa notícia é que, com a desaceleração das economias centrais, o processo de convergência das outras será mais rápido. As economias em desenvolvimento que forem capazes de manter altas taxas de poupança e investimento deverão alcançar em breve as economias avançadas. A má notícia é que, uma vez alcançada a fronteira tecnológica das economias avançadas, o crescimento vai se desacelerar significativamente. Deverá convergir para a relativa estagnação das economias centrais. A dificuldade de crescer, que hoje aflige todas as economias centrais, não é uma dificuldade circunstancial decorrente de um acidente de percurso como a crise financeira de 2008. É o resultado de uma desaceleração estrutural no ritmo do progresso tecnológico. O crescimento ao qual nos acostumamos, que passamos a considerar imperativo, pode não ser mais possível.

Quaisquer previsões, especialmente as de longo prazo, devem ser tomadas com cautela. É parte de nosso esforço de organizar, tentar extrair sentido, do futuro que nos é essencialmente desconhecido. A noção de que o crescimento dos últimos séculos poderia ser extrapolado a perder de vista é um exercício de futurologia tosca que foi incorporado ao nosso imaginário. Transformou-se numa das premissas da modernidade. Também a inferência, a partir dos indícios de que o progresso tecnológico mais recente não tem o mesmo poder transformador, de que não iremos mais crescer é apenas uma previsão. Por mais embasada que esteja nas evidências disponíveis, sofre das mesmas limitações de toda tentativa de antecipar o futuro. Não parece haver sinais de que uma nova onda de invenções venha novamente revolucionar a vida, como a que levou à Revolução Industrial do século xix, mas isso não dá certeza de que algo semelhante não venha a ocorrer. O bom senso sugere apenas que não devemos contar com isso.

O esgotamento do crescimento nas economias da fronteira tecnológica ainda deixa espaço para o crescimento das economias periféricas, que não alcançaram a produtividade das economias avançadas. Até lá, é possível crescer acima da taxa sustentável de longo prazo. Para isso, a teoria ensina que é preciso ter alta taxa de poupança e investimento e aprimorar a educação. No Brasil, a taxa de poupança privada, dado o nível de renda próximo do de subsistência, foi sempre muito baixa. Desde a segunda metade do século passado, todos os períodos de rápido crescimento foram fruto do aumento do investimento público. Como a estrutura fiscal era precária, o investimento público foi financiado pela poupança forçada — extraída através da inflação crônica — ou pela poupança externa, associada aos déficits em conta-corrente financiados pelo endividamento externo. Desde a estabilização da inflação crônica, na última década do século passado, a carga tributária progrediu sistematicamente e atingiu níveis comparáveis aos das economias avançadas. O setor público poderia ter então passado a contribuir para o aumento da poupança doméstica. Infelizmente, numa atitude míope, ao invés de aumentar a taxa de poupança e de investimentos públicos, optou-se por aumentar os gastos correntes do governo, por dar estímulos ao consumo privado, toda vez que o crescimento de curto prazo dava sinais de perder o fôlego.

O leitor terá notado que o uso do termo "crescimento sustentado de longo prazo" foi até aqui utilizado sem a conotação que tomou nos últimos tempos: a do crescimento que não ameaça causar danos irreparáveis à ecologia. No início dos anos 1950, quando a teoria do crescimento neoclássica estava sendo formulada, os limites físicos do planeta pareciam suficientemente distantes para que fossem ignorados. O crescimento sustentável de longo prazo era apenas o passível de ser mantido pelo aumento da produtividade, o crescimento per capita, acima do crescimento da força de trabalho, uma vez atingida a relação capital-trabalho ideal para o estado das artes, ou seja, o crescimento de *steady state*, que depende do progresso tecnológico.

A questão ecológica introduz uma restrição adicional ao modelo neoclássico. Os limites físicos do planeta poderão vir a restringir o crescimento, ainda que o progresso tecnológico fosse capaz de sustentar o ritmo do aumento da produtividade. Como atesta a dificuldade de chegar a um acordo multilateral mínimo sobre o tema, não se trata de uma restrição facilmente incorporável à política contemporânea. Trata-se de uma restrição de difícil digestão para os países avançados, viciados no crescimento, mas praticamente impossível de ser aceita pelos países que ainda estão longe de atingir os níveis de consumo e de produtividade da fronteira tecnológica. Racionar o crescimento, antes da convergência de todos, significaria congelar as profundas diferenças de padrão de vida no mundo de hoje. Até mesmo a esperança de que venham a ser eliminadas desapareceria. Não é preciso muita reflexão para compreender o potencial de conflito da tentativa de congelar o status quo em nome da ecologia.

É sempre possível questionar as evidências do aquecimento global, como é possível fechar os olhos para os estragos que a modernidade impõe à biosfera, mas basta a lógica para concluir que o crescimento material eterno é uma impossibilidade física. O crescimento dos últimos séculos pode ter sido uma exceção, mas passamos a considerá-lo, mais que um direito, um imperativo. Não nos perguntamos mais por que e para que crescer. Associamos a interrupção do crescimento a uma flutuação cíclica decorrente da instabilidade da economia capitalista. Desde a grande síntese keynesiana, toda e qualquer interrupção do ritmo do crescimento é vista como sinal de incompetência da gestão macroeconômica.

Como a interrupção cíclica do crescimento — até mesmo a mudança do ritmo de crescimento — provoca flutuações no nível do emprego, há uma compreensível tentação de associar o crescimento de longo prazo ao nível de desemprego. Seria necessário crescer sempre, para criar empregos e evitar o desemprego. Por isso, a resposta mais óbvia, repetida exaustivamente, à pergunta de para que crescer é de que é preciso crescer para criar empregos. O crescimento necessário para manter a força de trabalho empregada — quando não ocorrem mudanças estruturais, como a incorporação das mulheres à força de trabalho — é igual à taxa de crescimento demográfico.

O crescimento a que se refere a teoria do crescimento é o da renda per capita. Portanto, crescimento acima do demográfico, acima do requerido para manter o emprego. Emprego e desemprego são questões associadas a reorganizações setoriais e a flutuações macroeconômicas de curto prazo, praticamente independente da taxa de crescimento de longo prazo. A única resposta possível à pergunta de para que crescer além do crescimento demográfico é: para aumentar a renda per capita, ou seja, para enriquecer. O que nos leva à pergunta seguinte: para que serve a riqueza?

Essa é a pergunta à qual John Maynard Keynes dedicou um pequeno ensaio publicado em 1930, em plena Grande Depressão, chamado *Economic Possibilities for Our Grandchildren* [As possibilidades econômicas para nossos netos]. A resposta de Keynes contradiz frontalmente o consenso contemporâneo: a riqueza serviria para reduzir as horas trabalhadas. À medida que o progresso tecnológico levasse ao aumento da produtividade, seria possível trabalhar cada vez menos para satisfazer nossas necessidades. Chegaríamos finalmente ao ponto em que seria quase desnecessário trabalhar. Segundo as estimativas de Keynes, isso deveria ocorrer num prazo de aproximadamente cem anos, ou seja, por volta de 2030. O número de horas trabalhadas nos países avançados efetivamente caiu, mas muito menos do que se previa. No mundo contemporâneo, independente do nível de renda e riqueza, nunca se considerou tão fundamental trabalhar, nunca se considerou tão humilhante a ideia de não trabalhar e nunca se considerou tão ameaçadora a ideia de que a economia possa não crescer.

O que aconteceu? Como é possível que um pensador brilhante, da estatura de Keynes, possa ter se equivocado de forma tão gritante? Acredito que o próprio Keynes, no mesmo ensaio, teve a intuição do motivo de seu erro. Segundo ele, quando a sociedade tiver atingido um nível de riqueza capaz de satisfazer as necessidades fundamentais de todos, sem que seja preciso trabalhar a maior parte do tempo, "pela primeira vez desde sua criação, o homem se confrontará com seu verdadeiro, seu eterno problema — o que fazer com a liberdade em relação às necessidades econômicas, como usar o tempo de lazer, que a ciência e o juro composto lhe terão garantido, para viver bem, de forma sensata e agradável".

Keynes passaria os anos seguintes preocupado com a Grande Depressão, dedicado essencialmente às questões macroeconômicas de curto prazo, à instabilidade cíclica da renda e do emprego, em que sua contribuição o elevou à condição do mais importante economista do século xx. Além de teórico brilhante, Keynes foi um homem público influente e um debatedor inspirado. Entre suas inúmeras tiradas espirituosas, a provavelmente mais citada é a de que "no longo prazo estaremos todos mortos".

O problema existencial do que fazer com o tempo livre não nos exime da necessidade de responder para que serve a riqueza além de nossas necessidades. É evidente que enriquecer não pode ser um objetivo em si mesmo. Esse é o tema do livro que Robert e Edward Skidelsky acabam de publicar: *How Much is Enough?* [Quanto é suficiente?]. Pai e filho, sendo que Robert é autor da mais importante biografia de Keynes, os autores procuram entender de onde vem a moderna obsessão com o crescimento econômico. Curiosamente, não subscrevem as razões dos dois mais famosos movimentos que hoje se contrapõem ao imperativo do crescimento: o que propõe substituir o crescimento pelo conceito de felicidade e o da sustentabilidade ecológica. Os Skidelsky, apesar de simpatizarem com os objetivos desses movimentos, sustentam que ambos se equivocam, pois procuram ancorar a crítica ao crescimento no utilitarismo, quando a verdadeira objeção deveria ser ética.

A felicidade não é mensurável, e nem sempre desejável. Deve-se estar feliz quando e onde a felicidade é devida e infeliz quando as circunstâncias assim exigem. Fazer da felicidade um objetivo em si, especialmente um objetivo de governo, é a receita para a infantilização autoritária, memoravelmente descrita por Aldous Huxley em *Admirável mundo novo* ou na versão futurista mais recente do filme *Matrix*. Ou a felicidade é entendida em seu sentido pré-moderno, como uma condição existencial — e nesse caso não é passível de ser medida por pesquisas —, ou então é entendida em seu sentido moderno, de um estado de espírito circunstancial — e então não pode ser referência do desejável. Os Skidelsky sustentam que substituir a busca do crescimento pela busca da felicidade é passar de um falso ídolo a outro. Nosso objetivo, como pessoa e como cidadão, não é o de ser feliz, mas o de estar feliz quando há razão para isso. E motivos para tristeza nunca hão de faltar. É a arrogância do homem moderno que o faz crer que ele pode controlar tudo. Mais sábios, os clássicos subscreviam o ditado de Sólon: "Ninguém pode ser considerado feliz até depois de sua morte".

Em relação ao movimento ecológico, os Skidelsky não são menos críticos. Sustentam que, embora se apresentem como defensores de uma resposta racional a fatos estabelecidos, a verdadeira inspiração dos ambientalistas é romântica. O discurso político contemporâneo exige que os argumentos, de lado a lado, sejam formulados como científicos, mas com base apenas nos fatos não há como julgar e decidir. Como proceder, qual o melhor curso de ação, para evitar danos definitivos à biosfera, não é, como se pretende, uma questão meramente objetiva. Trata-se de um embate entre duas visões de mundo: de um lado, o otimismo prometeico; do outro, uma atitude de reverência piedosa diante da natureza. É o cientificismo contemporâneo que exige que seja formulado em termos de partículas de carbono e graus de aquecimento global. Diante do bombardeio de evidências e contra evidências de lado a lado, a única atitude razoável para o não especialista é aceitar a opinião dominante entre os especialistas: o aquecimento global é fruto da atividade dos homens e está se agravando. Ainda assim, não há como saber se é melhor continuar a crescer e enriquecer, acelerar o progresso tecnológico para expandir os limites do possível, ou desacelerar e procurar conviver com as restrições que o planeta nos impõe.

Os Skidelsky sustentam que o ambientalismo deu uma base aparentemente científica para a velha ideia mística de que na natureza há um equilíbrio que perturbamos por nossa conta e risco. Concordam que o crescimento não pode mais ser o objetivo da política econômica, mas não estão convencidos de que essa conclusão possa ser extraída do fato de que os limites físicos do planeta estão próximos, de que os danos à biosfera possam ser irreparáveis. Também não acreditam que exista uma medida alternativa de bem-estar, felicidade ou qualquer outra que possa substituir o crescimento numa função de utilidade social. É curioso que, assim como os críticos do progresso, também os críticos do ambientalismo acusem seus opositores de conotações místicas, de vestígios de religiosidade. Ao nos aventurarmos sobre o futuro, sobre o desconhecido, apesar de tentarmos desesperadamente revestir nossa argumentação de racionalidade científica, não temos como evitar a intuição, se não religiosa, ao menos poética. A razão é sistematizadora. Para ir além do conhecido e do que pode ser deduzido do conhecido, não há como prescindir da intuição poética. O título do livro contra os pesticidas de Rachel Carlson, de 1962, considerado o marco introdutório do ambientalismo, parece-

-me ilustrativo da força — pelo menos retórica — da poesia: *Primavera silenciosa.*

Para os Skidelsky, o fim do crescimento como objetivo deve ser entendido como uma exigência ética, não como uma conclusão científica baseada num cálculo utilitarista. Para eles, o homem moderno perdeu a referência clássica do ideal de vida. Qual a vida a ser vivida, uma vez saciadas nossas necessidades fundamentais? Boa pergunta, de difícil resposta. Afirmar que a opção pelo fim do crescimento deve ser ética não ajuda. Ao contrário, o mundo contemporâneo esfacelou a ética. A tese do filósofo escocês Alasdair McIntyre, em *Depois da virtude*, é que temos hoje estilhaços de sistemas éticos, incapazes de formar um corpo coerente. A única maneira de entender a afirmativa de que a opção pelo não crescimento deve ser ética é tomá-la no sentido de Ortega y Gasset: a ética é circunstancial, e as circunstâncias hoje exigem o fim do crescimento. Mas que circunstâncias são essas, se não os limites físicos do planeta, os estragos irreparáveis à biosfera, aos quais se referem os ambientalistas? É verdade que o homem moderno perdeu a referência do ideal de vida clássico. Nada mais distante do mundo clássico que o mundo contemporâneo. Não faz sentido pretender que o homem moderno aspire ao ideal de vida do homem clássico. Nenhum ideal pode ser desvinculado da história e das circunstâncias.

Confirmada a tese de Robert J. Gordon, de que o período de rápido progresso tecnológico se esgotou, a questão deverá voltar a ser meramente filosófica. Sem crescimento das economias avançadas, na fronteira tecnológica, voltaremos a nos defrontar com a questão essencial da economia: a de como administrar a escassez. Como compatibilizar o crescimento das economias periféricas com a estagnação das economias centrais até a convergência de todos para uma economia sem crescimento? Teremos então de enfrentar outro problema, o criado pela desigualdade, ainda que depois de todos terem suas necessidades básicas atendidas. A resposta mais plausível à pergunta de por que se busca sempre mais riqueza, mesmo quando muito além do necessário para satisfazer os desejos mais estapafúrdios, é que não é a riqueza absoluta, mas a riqueza relativa que importa. Não nos basta ser apenas ricos, mas sim mais ricos que nossos pares. A riqueza é apenas a exteriorização, o símbolo, de nossa pretensa superioridade. Por isso a obsessão com o consumo conspícuo de Torsten Veblen, com os bens que sinalizam riqueza. Por isso o fascínio pelo que parece exclusivo, com o que representa o privilégio. A competição pelo posicionamento hierárquico entre indivíduos pode ser transposta para estados e nações. Queremos crescer e enriquecer, não apenas para garantir um padrão de vida decente para nossos compatriotas, mas sobretudo para sermos mais ricos que os países vizinhos, para reforçar o orgulho e a identidade nacional.

Em 1928, numa palestra para os alunos de graduação da Universidade de Cambridge, Keynes formulou pela primeira vez o argumento, que viria a refinar num artigo de dois anos depois, sobre as possibilidades a longo prazo da economia capitalista. Na época ele tinha consciência de que era preciso estimular a imaginação dos jovens com uma utopia comparável à que, àquela altura, provocava entusiasmo: a do socialismo marxista soviético. Para fazer sua previsão de que, mantida a taxa de acumulação de capital e o ritmo do progresso tecnológico, "o padrão de vida nos países avançados, dentro de cem anos, seria entre quatro e oito vezes o atual", Keynes utilizou o mesmo arcabouço conceitual do modelo neoclássico de crescimento formalizado por Solow e Swan trinta anos mais tarde. Pouco depois, veio a Grande Depressão. Keynes se esqueceu das preocupações especulativas com o longo prazo — quando estaremos todos mortos — e dedicou-se com afinco a encontrar a solução para os problemas de curto prazo: a instabilidade macroeconômica e o desemprego.

Pois bem, tenho a impressão de que nos tornamos excessivamente keynesianos, no sentido que — apesar de profundamente injusto com Keynes — o termo adquiriu: o da obsessão com o curto prazo. Tomamos o crescimento dos últimos séculos como base, não como a exceção que parece ter sido. Por isso bombardeamos a economia com estímulos de curto prazo, através da expansão do crédito e dos gastos públicos. O resultado é conhecido: bolhas especulativas que, quando se esgotam, provocam crises financeiras, seguidas de longo período de estagnação e desemprego. Em vez de recuperar a lição do modelo neoclássico de crescimento — compreender que a desaceleração das economias avançadas pode não ser conjuntural, mas o fim da era do progresso tecnológico transformador —, insistimos em tentar reanimar a economia, em bombardeá-la com os mesmos estímulos que provocaram os excessos e a levaram ao colapso. As economias centrais, do Japão, dos Estados Unidos e da União Europeia, podem ter chegado ao fim de uma era. Em relação à depressão dos anos 1930, Keynes escreveu: "Sofremos não do reumatismo da idade avançada, mas das dores do crescimento rápido demais". A crer nas evidências do artigo de Robert J. Gordon, podemos ter finalmente chegado à idade do reumatismo, mas ainda não nos demos conta disso. Insistimos em interpretar suas dores como apenas mais dores do crescimento, porque não levantamos o olhar além da conjuntura.

II
A crise financeira de 2008

9
Em plena crise: uma tentativa de recomposição analítica[*]

Introdução

EMBORA TENHA FICADO CLARO, em agosto de 2007, que algo de potencialmente muito grave estava por trás do súbito trancamento dos mercados interbancários, as bolsas de valores no mundo sacudiram a poeira do susto e seguiram imperturbáveis até o início de 2008. É uma atitude compreensível, diante da psicologia desenvolvida nas últimas décadas: a ação dos bancos centrais viria sempre resgatar a economia de seus eventuais problemas. O fato de o Federal Reserve Bank ter revertido de forma drástica sua política de juros em setembro de 2007, com uma excepcional redução de sua taxa básica, foi interpretado não como sinal dos problemas que estavam por vir, mas como confirmação do padrão de comportamento

---

[*] Publicado em *Estudos Avançados*, v. 23, n. 65, jan.-abr. 2009, pp. 73-87. Texto originalmente apresentado para o Seminário de Fim de Ano do Instituto de Estudos de Política Econômica (Iepe), Casa das Garças/ CdG, Rio de Janeiro, 18 dez. 2008.

paternalista do Fed das últimas décadas. As quedas de preços dos ativos eram vistas como correções, mais ou menos acentuadas, mas sempre correções, que não interromperiam a alta sistemática dos preços das ações e dos ativos em geral.

É justamente essa confiança exagerada, no desenvolvimento das políticas macroeconômicas e no bom funcionamento dos mercados, que explica tanto os excessos das últimas décadas como a incapacidade de compreender os riscos incorridos. Creio que esse excesso de confiança explica também como foi possível que a situação tenha se agravado e se alastrado de forma que a economia mundial esteja ameaçada. Não pretendo retomar aqui a cronologia e os desdobramentos da crise, apenas observar que hoje, mais de um ano e meio depois de seu início, ainda estamos longe de vislumbrar seu desfecho.

Essa crise foi surpreendente. Embora muitos analistas tivessem chamado a atenção para os perigosos desequilíbrios criados na economia mundial, a verdade é que só umas raras exceções — como Nouriel Roubini e George Soros — disseram com antecedência, e com todas as letras, que algo dessa magnitude estava por acontecer. Essa crise é diferente ou, como disse com propriedade Paul Krugman, igual a todas as anteriores ao mesmo tempo. O elemento detonador foi a exaustão do ciclo de alta dos imóveis nos Estados Unidos, mas por que tomou proporções globais dramáticas? Por que não foi possível, se não antecipar e prevenir, ao menos evitar que a crise tomasse a proporção que tomou? Por que ainda parece haver certa perplexidade quanto à velocidade com que as coisas se deterioraram? Por que não há consenso sobre as medidas a serem tomadas para interromper o avanço da crise e reverter o quadro?

Diante da verdadeira avalanche de fatos e números com que somos bombardeados diariamente sobre sua evolução, parece-me conveniente fazer, em plena crise, um intervalo para uma recomposição analítica.

A síntese das últimas décadas

Nas três últimas décadas do século xx chegou-se a um relativo consenso sobre os elementos constitutivos de uma boa gestão macroeconômica. São eles:

1. Política monetária ativa, conduzida por um banco central independente, com base em metas de inflação;
2. Livre movimento internacional de capitais;
3. Câmbio flutuante, com mínima intervenção;
4. Política fiscal que estabilize a relação dívida/PIB, num nível não muito superior a 50% do Produto Interno Bruto.

A argamassa da qual depende o bom funcionamento dos quatro pilares dessa síntese macroeconômica é a confiança dos investidores internacionais. Confiança que simultaneamente é uma decorrência da adoção desses quatros pontos e também essencial para viabilizá-los. Um processo "reflexivo", como diria a vertente filosófica de George Soros. Os quatro pilares são, portanto, condição para a confiança, embora não sejam suficientes. As crises das últimas décadas foram todas provocadas por variantes das dificuldades de garantir a confiança, mesmo quando se adotam os quatro pilares da síntese macroeconômica. A confiança condicional faz com que haja uma instabilidade inerente à sua adoção.

A razão dessa instabilidade é que a teoria determina que, para se ter os dois primeiros elementos, isto é, para poder ter simultaneamente uma política monetária ativa e o livre movimento de capitais, é necessário adotar também o terceiro, ou seja, o câmbio flutuante. Ocorre que, especialmente para as economias que não têm confiança irrestrita, o câmbio flutuante é fonte de instabilidade e perturbações. O ideal seria ter um câmbio administrado, para garantir baixa volatilidade, maior previsibilidade e menores perturbações tanto sobre o preço e o controle da inflação como sobre o bom andamento dos fluxos do comércio internacional. Entretanto, adotar simultaneamente os três primeiros elementos é incompatível com a estabilidade da taxa real de câmbio. O câmbio flutuante é uma concessão necessária, quando todos gostariam de ter o câmbio estável.

Se o quarteto é potencialmente instável e sem ele não há confiança, o resultado são crises recorrentes. Pode-se explicar todas a crises das últimas décadas, desde a primeira crise do México na década de 1970 e as demais crises das economias latino-americanas até o final da década de 1990, passando pela crise das economias asiáticas e da Rússia, como exemplos da instabilidade inerente à tentativa de implementar os quatro pilares macroeconômicos em países periféricos.

A instabilidade sem confiança irrestrita

De maneira esquemática, o desenrolar das crises provocadas pela instabilidade do quarteto macro pode ser descrito da seguinte forma. Uma vez adotados os quatro pilares, a confiança é estabelecida e a economia passa a ir bem. Os investimentos aparecem, a economia cresce e o emprego aumenta. Num círculo virtuoso, o processo se autoalimenta. O crescimento acelerado leva ao déficit externo e às pressões inflacionárias. Num primeiro momento, são interpretados como sinais de saúde:

economias dinâmicas atraem poupança externa que financia seus déficits em conta-corrente. Para evitar que a inflação saia de controle, a política monetária torna-se mais restritiva. Os juros altos atraem capitais de curto prazo. A moeda se valoriza, o que auxilia no controle da inflação mas agrava o déficit externo. A partir de certo ponto o déficit em conta-corrente passa a ser visto como insustentável e a valorização da moeda, excessiva. A confiança desaparece e o fluxo de capitais de curto prazo se reverte. A desvalorização da moeda, brusca e inevitável, encerra definitivamente o período de prosperidade.

Uma vez desencadeada a crise, a instabilidade do quarteto macro adquire um aspecto perverso, que agrava os elementos recessivos do fim do ciclo de expansão. A brusca desvalorização da moeda excede aquela necessária para a recomposição do equilíbrio externo e agrava as pressões inflacionárias. A síntese macroeconômica exige que as políticas monetária e fiscal sejam restritivas. O objetivo prioritário é conter as pressões inflacionárias e restabelecer a confiança, quando a economia, desorganizada, enfrenta uma recessão, quase sempre de grandes proporções.

A instabilidade da síntese macroeconômica é agravada pelo fato de que os ciclos econômicos não são internacionalmente sincronizados. Países distintos enfrentam problemas distintos, num determinado momento, e gostariam de ter liberdade para pôr em prática as políticas que lhes fossem mais adequadas. Ocorre que uma política monetária restritiva para controlar pressões inflacionárias internas, num contexto de baixas taxas de juros internacionais, valoriza a moeda até que o desequilíbrio externo passa a ser percebido como insustentável. A política monetária expansionista, para evitar recessão doméstica num ambiente internacional de altas taxas de juros, provoca perda de confiança e desvalorização da moeda.

O resultado é uma perturbadora pressão sobre a variação da taxa de câmbio, que termina por levar a uma brutal desvalorização. A necessidade de recuperar a confiança exige que a política monetária e fiscal seja restritiva, no sentido inverso ao contracíclico, recomendado para atenuar os efeitos recessivos da crise. O caráter pró-cíclico do quarteto da síntese macro é especialmente perverso imediatamente depois da eclosão das crises nos países periféricos.

Os largos limites da confiança irrestrita

No caso dos países centrais, para os quais a confiança é garantida, a situação é diferente. Este é especialmente o caso dos países com moedas reserva, como os Estados Unidos, o Japão e os países da Europa do euro e, em menor medida, a Inglaterra e a Suíça. Com confiança irrestrita, a síntese macro perde seu caráter instável. O câmbio flutuante não é um elemento perturbador. Não é uma concessão feita para viabilizar a política monetária ativa. É parte dos mecanismos estabilizadores endógenos de uma economia conduzida segundo os cânones da política macroeconômica moderna. A desvalorização da moeda deixa de ser um fator agravante de uma eventual crise para se converter em parte da solução do problema.

Quando um país periférico tem déficit externo excessivo, tanto a perda de confiança como a desvalorização da moeda são bruscas. O objetivo dominante da política econômica passa a ser o de recuperar a confiança perdida, o que determina a adoção de políticas fiscal e monetária restritivas, contrárias às requeridas para minorar os efeitos recessivos da crise. Um país central não tem esse problema. Os limites do financiamento externo são mais extensos. Dão espaço e tempo para que a política de juros doméstica exerça seu papel moderador sobre o excesso de demanda. A valorização da moeda — que, eventualmente, decorre do diferencial de juros positivo em favor da economia central — nunca se torna percebida como insustentável, a ponto de provocar uma ruptura. Pelo contrário, auxilia no controle das pressões da inflação, por meio da redução dos preços dos bens comerciáveis. Uma vez afastadas as pressões inflacionárias, com a política monetária já mais expansionista e a confiança nunca ameaçada, a desvalorização não é brusca, mas gradual. Não parece tão perturbadora, mas é parte da solução, ao estimular a redução do déficit externo.

O resultado prático é que os países centrais — especialmente se forem emissores de moeda reserva — não têm restrição externa ao crescimento da demanda. A única restrição efetiva é o risco de inflação. Enquanto nos países periféricos a restrição efetiva é a externa, via balanço de pagamentos, nos países centrais a restrição efetiva é a interna, via curva de Phillips.

As expectativas estão no âmago da questão inflacionária. A discussão teórica em torno dos limites do crescimento não inflacionário, centrada na chamada curva de Phillips, evoluiu com o tratamento dado às expectativas. Em sua versão inicial era uma fronteira fixa, sobre a qual seria possível escolher o nível de emprego ou a taxa de crescimento desejado. O preço da opção por um desemprego menor era o de aceitar uma taxa de inflação mais alta. O primeiro golpe no otimismo, em relação a uma gestão macroeconômica ativa, veio com a chamada curva de Phillips expandida, que incorporava a formação das expectativas. Se as expectativas se adaptarem à inflação observada, como seria de se supor, não é possível manter uma taxa de desemprego inferior à taxa natural ou, o que é equivalente, manter um crescimento superior ao potencial da economia, sem admitir que a inflação seja não apenas mais alta, mas cada vez mais alta. A relação de troca não era entre crescimento e inflação, como sugeria a curva de Phillips original, mas entre crescimento e aceleração da inflação.

A evolução da discussão teórica sobre o processo de formação das expectativas levou à chamada hipótese das expectativas racionais. Extremamente sedutora do ponto de vista de sua elegância formal, as expectativas racionais estreitaram ainda mais os limites do possível para o ativismo macroeconômico. Tudo que é possível pedir da política macroeconômica é a redução da volatilidade do crescimento e do emprego em torno de suas taxas naturais. O conceito de metas inflacionárias, pelas quais a atuação dos bancos centrais deveria pautar sua atuação, surge então como a política mais adequada para reduzir o impacto dos choques sobre a inflação, o produto e o emprego. O sucesso da política de metas inflacionárias foi extraordinário. Uma vez conquistada a confiança — mesmo que na presença de choques adversos a curto prazo — de que o Banco Central manteria a inflação sob controle, as expectativas inflacionárias de longo prazo foram ancoradas. O sucesso alcançado ao ancorar as expectativas com a política de metas teve como resultado afastar significativamente o limite ao crescimento, imposto pela ameaça da perda de controle sobre a inflação.

A inflação de preços de ativos

Embora o Fed nunca tenha adotado formalmente a política de metas inflacionárias, depois do período de Paul Volker ficou claro que o Fed adotara uma política de metas, embora não explícitas, e que não permitiria que a inflação voltasse a sair de controle. Com as expectativas bem-comportadas, com confiança externa irrestrita e com moeda reserva, os Estados Unidos conseguiram suprimir os clássicos limites externos e internos ao crescimento da demanda. Nem crise cambial nem inflação foram restrições efetivas para o crescimento da economia americana nas últimas três décadas.

O conceito de núcleo da inflação e a aceitação da tese de que a alta dos preços de ativos não constitui inflação — duas concepções adotadas pelo Fed de Greenspan — garantiram que os limites impostos pela ameaça da inflação ao crescimento da demanda ficassem ainda mais distantes. O único limite para a economia americana nas últimas décadas foi a capacidade de produzir mais. A taxa de desemprego ficou abaixo da taxa natural, por vários anos, sem sinais de inflação. O déficit em conta-corrente indicava que a economia crescia acima de suas possibilidades. Chegou a superar os 7% do PIB mas, com a confiança externa garantida, nunca deu sinal de que pudesse vir a desencadear uma crise, com brusca desvalorização da moeda. Sem os clássicos limites internos e externos, a economia americana pôde se dar ao luxo de um período de três décadas de prosperidade sem precedentes.

Mesmo com os limites clássicos afastados, os sinais de que outros limites persistiam foram vários. A começar pela magnitude do déficit externo. Um país que não contasse com as condições especiais da confiança irrestrita e de ser emissor da principal moeda reserva mundial teria sido duramente punido pela desconfiança dos investidores, com uma brusca e desorganizadora desvalorização da moeda. Mesmo com a confiança garantida, um déficit em conta-corrente de grande magnitude, num país que tem o peso dos Estados Unidos na economia mundial, suscitava dúvidas sobre a possibilidade de um ajuste que não viesse a provocar perturbações profundas.

A taxa de desemprego, a partir de meados da década de

1990, aproximou-se da taxa natural — a taxa abaixo da qual as pressões inflacionárias deveriam se fazer sentir. Depois ficou abaixo da taxa natural por vários anos. Apesar da opinião de vários analistas de que o Fed deveria subir os juros, Alan Greenspan recusou-se a fazer qualquer movimento antes de observar sinais concretos de que a inflação estava por se acelerar. Como é usual, novas teses surgiram para explicar por que desta vez era diferente. Greenspan encampou a ideia de que um aumento extraordinário da taxa de produtividade tinha rompido a relação histórica entre desemprego abaixo da taxa natural e aceleração da inflação. O fato é que a inflação convencional, a inflação de bens e serviços, não se acelerou. Alguma coisa tinha de fato mudado: a credibilidade conquistada pelo Fed deu-lhe espaço para manter a inflação, convencionalmente medida, e especialmente no conceito de núcleo, excluindo energia e alimentos, sob controle, mesmo com a economia perigosamente próxima do que seria o limiar da zona de aceleração da inflação.

Enquanto a economia americana experimentava um período de prosperidade sem precedente desde os anos 1960, com taxas de desemprego abaixo da taxa natural, mas com a inflação de bens e serviços bem-comportada, outro tipo de inflação, menos convencional, dava sinais de que os limites do possível não haviam sido completamente reescritos. Os preços dos ativos tinham altas extraordinárias. A chamada exuberância irracional era sinal evidente de que outros limites estavam por se revelar. Primeiro, foi a alta das ações das empresas de tecnologia. Em seguida, todo o mercado acionário, o mercado imobiliário comercial, o mercado imobiliário residencial, o preço da energia, o preço das commodities, tudo dava sinais de que a economia estava submetida a uma exuberância irracional. O Fed, ajudado por um breve hiato recessivo que se seguiu ao fim da bolha especulativa das ações de tecnologia e ao atentado do Onze de Setembro, continuou a praticar uma política monetária expansionista, com juros excepcionalmente baixos. Com a credibilidade conquistada na década de 1970 e sob uma nova aura de infalibilidade e onisciência adquirida desde meados da década de 1990, a inflação convencionalmente medida continuava sob controle.

Os Estados Unidos não tiveram, desde a década de 1970, inflação convencional, mas tiveram inflação de preços de ativos. A inflação de preços de ativos é diferente da de bens e serviços. A inflação clássica, de bens e serviços, é um processo generalizado, sem descontinuidades, que não se interrompe por si mesmo. A inflação de ativos é um fenômeno setorial, descontínuo, com fim brusco independente da ação da política econômica. Enquanto inflação de bens e serviços é um processo, uma doença longa e generalizada, que exige intervenção médica para interromper sua progressão, a inflação de ativos é uma doença curta e localizada. São bolhas que se expandem e, se deixadas levar seu curso, implodem por conta própria. Nem por isso as inflações de ativos — o uso do plural é mais adequado — são menos perigosas que a inflação de bens e serviços. Estamos aprendendo a duras penas.

O Fed de Greenspan, embalado na credibilidade conquistada, esqueceu-se da máxima de William McCheney Martin Jr., que presidiu o Fed de 1951 a 1970: o papel do Banco Central é tirar a jarra de bebida exatamente quando a festa começa a ficar animada. O papel do Fed de Greenspan — daí sua extraordinária popularidade — foi, se não o de animar a festa, o de garantir que não houvesse ressaca, para que estivessem todos prontos e dispostos a procurar a próxima festa.

Contágio internacional:
a generalização das festas

Apesar da evidência de que havia algo de errado, quando se assiste a uma sucessão de inflações de ativos, a posição de Greenspan sempre foi de que não cabe aos bancos centrais julgar se uma alta de preços de ativos é excessiva ou não. Como as inflações de preços de ativos são fenômenos localizados e fadados à reversão por sua própria dinâmica, o papel dos bancos centrais deveria se limitar ao de observador durante as fases de euforia. Uma vez exauridas, a política macroeconômica deveria ser conduzida para minimizar os estragos. A favor de Greenspan diga-se que, se esta não era uma opinião unânime entre os economistas, era com certeza a dominante.

A convicção de que o Banco Central se certificaria de relaxar a política monetária e baixar a taxa de juros, para garantir que não houvesse maiores danos depois dos excessos, ficou conhecida como *The Greenspan Put*. A partir de certo ponto, o processo de ir de bolha em bolha generaliza-se. Passa a haver tantas inflações de ativos simultâneas que o fenômeno se transforma: perde seu caráter localizado e se alastra para toda sorte de ativos. São tantas as festas em andamento que toda a economia torna-se uma grande festa. Quando a economia toda está em festa, não há mais onde fazer festa quando a música é interrompida.

É natural que o longo período de inusitada prosperidade americana tivesse impacto positivo sobre o mundo todo. De fato teve, mas não apenas através dos tradicionais canais do comércio internacional. O principal mecanismo de transmissão da prosperidade e da euforia americana foi o novo sistema financeiro mundial globalizado. A expansão e a internacionalização financeira das últimas décadas transformaram-se num poderoso fator de sincronização das inflações de ativos, nas mais variadas economias no mundo.

Sob o olhar benevolente das autoridades em toda parte, o sistema financeiro mundial passou por uma grande transformação. O modelo bancário clássico, baseado no relacionamento com os clientes, foi substituído por um sistema despersonalizado, baseado em transações de mercado. O crédito transformou-se radicalmente. Deixou de ser um contrato direto entre o credor e o devedor e adquiriu uma nova e extraordinária flexibilidade. A securitização, de todo tipo de recebíveis, permitiu que as dívidas fossem fatiadas e recompostas das mais variadas formas e depois levadas a mercado. Os contratos financeiros contingentes, chamados de forma genérica de derivativos, concebidos originalmente para limitar o impacto das incertezas, tiveram um desenvolvimento semelhante. A securitização e os derivativos foram os pilares a partir dos quais as inovações tomaram tal velocidade que deram origem a um sistema financeiro paralelo que, por não ter um caráter institucional, não tinha nem transparência nem limites nacionais.

Os Estados Unidos estão no epicentro da crise, mas é claro que o problema não está restrito à economia americana. Também é evidente que o dinamismo das novas economias emergentes não resistirá à evolução da crise. Ao contrário do que se chegou a defender até meados de 2008, nenhuma das grandes economias candidatas a novas locomotivas mundiais, nem mesmo a China, foi capaz de manter o dinamismo diante do desaquecimento das economias centrais.

Assim como a festa americana contagiou o mundo, seu fim interrompeu as festas mais distantes. Todos quiseram ir para os Estados Unidos participar da grande festa, e os que lá estavam precisavam encontrar novas fronteiras para viabilizar outras festas. Em princípio, estar simultaneamente em festas espalhadas pelo mundo deveria funcionar como garantia. Haveria sempre alguma festa animada, quando a sua desse sinal de se esgotar. Mas as festas terminam por se sincronizar. Como ficou evidente, quando a grande festa acaba, as festas periféricas, ainda que incipientes e bem organizadas, são interrompidas. Os visitantes batem em retirada, chamados a recolher os escombros em casa.

O atoleiro da deflação

No final de 2002, durante uma viagem ao Japão, Ben Bernanke, ainda como membro da diretoria do Fed, fez menção aos riscos da deflação. O momento e o local eram adequados: o Japão já enfrentava a ameaça da deflação havia anos. Nos Estados Unidos, em seguida ao fim da bolha das empresas de tecnologia em 2000 e ao atentado de Onze de Setembro, temia-se que algo semelhante pudesse vir a ocorrer. Bernanke é um acadêmico respeitado, cujos objetos de pesquisa sempre foram as políticas macroeconômicas, com interesse especial para o caso da Grande Depressão dos anos 1930. Em 2004, Bernanke escreveu, com dois colegas do Fed, um artigo técnico sobre as alternativas da política monetária quando a taxa nominal de juros se aproxima de zero. O artigo explora as alternativas, fora do arsenal ortodoxo dos bancos centrais, para evitar a deflação e uma recessão prolongada. Pois a conclusão de Bernanke, sintetizada em seu discurso do Japão, é que a melhor forma de sair de uma deflação é não chegar até ela.

A afirmativa pode parecer surpreendente, em especial para os que, como nós brasileiros, penaram durante tantos anos com as dificuldades para controlar a inflação. Afinal, produzir inflação nunca nos pareceu uma coisa muito complicada. Muito pelo contrário, aumentar os gastos públicos sem aumento correspondente da arrecadação, expandir o crédito e dar carta branca ao Banco Central para emitir à vontade, e ainda ter justificativa teórica para isso, parece ser a receita dos sonhos de todo homem público.

A deflação é perigosa porque dificulta a digestão dos excessos do período de vacas gordas. O que paralisa o sistema financeiro é o excesso de ativos — ou seja, empréstimos de toda ordem — em relação ao capital próprio. Enquanto os ventos são favoráveis, a ordem do dia para aumentar a rentabilidade é maximizar a relação entre ativos e capital próprio. Quando mudam os ventos, grande parte dos empréstimos se torna irrecuperável, a ordem passa a ser não emprestar até que a relação entre ativos e capital próprio — a alavancagem — se reduza para um nível confortável. A deflação aumenta o valor dos ativos em relação à renda e à riqueza dos devedores, dificulta a desalavancagem e prolonga a indigestão. O caso do setor imobiliário residencial, em que a crise começou, ilustra bem os problemas criados pela deflação. Mesmo que as taxas cobradas nos empréstimos hipotecários fossem reduzidas a zero, com queda sistemática dos preços das casas, a partir de certo ponto o valor do imóvel passa a ser inferior à dívida. A deflação generaliza esse fenômeno: aumenta o valor das dívidas em relação à riqueza. Não é bem o que um mundo atolado em dívidas precisa.

Mas como é possível que, com toda a extraordinária emissão monetária do Fed desde o início da crise, com a taxa de juros reduzida a praticamente zero, não se tenha criado inflação e, ao contrário, se continue a temer a deflação? A relação macreconômica mais popularizada é com certeza aquela entre emissão de moeda e inflação, da chamada Teoria Quantitativa da Moeda. É uma simplificação dos complexos determinantes do processo inflacionário, que mais induz a equívocos que ilumina. Nas circunstâncias atuais, a Teoria Quantitativa perde totalmente seu, normalmente já reduzido, poder de explicação sobre os rumos do nível geral de preços.

Quando se estabelece um tal nível de incerteza, próximo do pânico, a demanda por ativos líquidos e sem risco aumenta de forma extraordinária. A moeda dos Estados Unidos é o ativo líquido e seguro por excelência. A emissão nessas circunstâncias não cria excesso de oferta de moeda, apenas atende à demanda, que tem um crescimento fora do comum. Como não há moeda em excesso, apesar do aumento da moeda em circulação, não há pressão inflacionária. Não há pressão sobre os preços porque ninguém quer gastar para se livrar do excesso de moeda, mas ao contrário, assustados, querem guardar uma quantidade muito maior de moeda que em tempos normais. Na linguagem da teoria quantitativa, diz-se que houve uma redução da velocidade de circulação da moeda, que normalmente é estável.

Nas circunstâncias atuais, a emissão de moeda não causa inflação porque atende ao aumento da demanda, mas, quando o pânico passar e as incertezas se reduzirem, a demanda excepcional pela moeda americana vai deixar de existir. Em princípio, isso também não é problema. Basta que o Fed reverta o processo, revendendo os ativos que adquiriu do público. Se, durante o pânico, o Fed tivesse comprado apenas títulos do Tesouro, o processo se reverteria sem maiores dificuldades. Quando a situação se normalizasse, o Fed revenderia os títulos que havia comprado e retiraria de circulação a moeda repassada para atender às necessidades do sistema. Este é um exemplo clássico da atuação do Banco Central como emprestador de última instância. Quando o setor privado precisa de liquidez, o Banco Central a aumenta adquirindo títulos públicos do sistema financeiro.

A situação atual é diferente. A iliquidez do sistema é muito superior a uma iliquidez causada por algum fator circunstancial em tempos de normalidade. O sistema financeiro americano, que já enfrentava toda sorte de problemas havia mais de um ano, com ramificações para os sistemas financeiros do mundo todo, paralisou por completo depois da quebra do banco de investimentos Lehman Brothers, em setembro de 2008. O Fed, que já vinha tomando medidas para aliviar a iliquidez, viu-se obrigado a abandonar o livro de regras dos bancos centrais e adotar um arsenal de medidas heterodoxas para tentar reanimar o sistema financeiro e a economia.

O aumento da liquidez apenas através da compra de títulos públicos em poder do sistema financeiro seria insuficiente para fazer o sistema voltar a funcionar. O Fed passou a comprar também títulos privados. Ainda não foi suficiente. Incapaz de fazer o crédito voltar a fluir, passou em seguida a financiar diretamente o setor privado não financeiro, através da compra de *commercial papers*. Ao dar liquidez de todas as formas para o sistema financeiro, e também diretamente para o setor privado não financeiro, o Fed inchou seu balanço com títulos privados. A contrapartida dos títulos privados no ativo do Fed é a expansão de seu passivo monetário, composto por moeda em poder do público, mais reservas do sistema bancário, ou seja, a emissão de moeda.

Enquanto perdurar a incerteza, moeda é o que o público quer. Com a taxa de juros tão próxima de zero, o custo de oportunidade de reter moeda é irrelevante. O público prefere moeda e o sistema bancário prefere reservas no Fed a qualquer outro ativo, até mesmo aos títulos do Tesouro, que praticamente não rendem nada. A demanda por moeda tornou-se ilimitada: toda compra de títulos por parte do Banco Central, através da emissão, aumenta a quantidade de moeda entesourada pelo público. Configura-se o que John Maynard Keynes chamou de a armadilha da liquidez. A política monetária perde a capacidade de estimular a demanda agregada. Incapaz de estimular a demanda, a política monetária fica também impossibilitada de reverter um processo de deflação, incapaz de provocar inflação.

Dado que a política monetária é o instrumento do qual dispõe o Banco Central, compreende-se a afirmativa de Bernanke, de que a melhor forma de combater uma deflação é não chegar a ela. O fato de se ter chegado até aqui com a deflação definitivamente como uma possibilidade não é reconfortante. A economia americana corre o risco de se encontrar na situação da japonesa, há mais de quinze anos estagnada.

Os limites da política
de assunção de dívidas privadas

Os Estados Unidos não têm a tolerância do Japão. Acostumada à opulência e ao crescimento, é muito difícil imaginar que a sociedade americana aceite a perspectiva de uma década de estagnação. A reação americana, tanto por parte do Fed como do Tesouro, e também do Congresso, é marcadamente mais agressiva, no sentido de tomar medidas para evitar a deflação e a recessão prolongada. É opinião quase unânime hoje que as medidas para evitar um colapso mundial precisam ser internacionalmente coordenadas. Existe, entretanto, uma larga diferença entre os países mais audaciosos, dispostos a apostar todas as fichas para evitar a deflação, e os países mais conservadores, reticentes em lançar mão de medidas que possam vir a ter um custo fiscal excessivo. Num extremo estão os Estados Unidos, no outro, a Alemanha. Apesar do coro de críticas à posição da Alemanha, aparentemente apegada de forma inoportuna aos riscos do passado e insensível aos de hoje, a verdade é que essa não é uma questão trivial.

Não é preciso, mais uma vez, enfatizar os custos e os riscos de uma profunda e prolongada recessão mundial. Por que então não usar todas as fichas, correr todos os riscos, para evitar a deflação? Não foi justamente um apego à ortodoxia monetária e fiscal, incapaz de ser revista para as circunstâcias de 1929, que levou à Grande Depressão dos anos 1930? A contribuição de Keynes foi justamente demonstrar que a economia de mercado pode passar por momentos em que se tem um "problema de ignição", que requer o aumento dos gastos públicos para fazê-la pegar no tranco. A hora parece exigir que se esqueça os pruridos quanto a eventuais desequilíbrios fiscais e fazer todo o possível para escapar de uma nova depressão econômica mundial.

Não há dúvida de que programas coordenados de gastos públicos, de preferência de investimentos, que tenham alto poder multiplicador sobre a demanda agregada, devem ser implementados quando a economia está à beira da deflação. Com a política monetária tornada ineficaz pela armadilha da liquidez, só sobra a política fiscal como instrumento para tentar reanimar a economia. Nas vizinhanças da deflação, só resta discutir como aumentar o impacto e reduzir o prazo, normalmente longo, para que os gastos públicos tenham efeito sobre a demanda e a renda. O conjunto de medidas preliminarmente anunciadas pela equipe do novo presidente Barack Obama enquadra-se nesse tipo de política fiscal, sobre a qual, em momentos como o que vive a economia americana, não há o que questionar.

Mais complicado de avaliar — e potencialmente mais arriscado — é a decisão de fazer o setor público, através do Tesouro ou do Banco Central, absorver ativos podres do setor privado. Se o Banco Central expande a quantidade de moeda em circulação, através da compra de títulos do Tesouro em poder do setor privado, para atender a uma demanda excepcional por liquidez, a reversão é simples e sem custos fiscais. Uma vez revertidos os fatores de insegurança que levaram à demanda excepcional por liquidez, o Banco Central recompra os títulos do Tesouro e reduz a quantidade de moeda em circulação. A desmonetização é semiautomática. Esta é uma operação clássica de mercado aberto. Quando o Banco Central, como é o caso do Fed agora, ganha autonomia para financiar diretamente o setor privado, financeiro e não financeiro, através da compra de títulos privados, a situação adquire uma dimensão distinta. Os títulos do Tesouro americano, acredita-se, não têm risco de crédito; os títulos privados, sim. Ao fazer uma expansão monetária através de uma operação clássica de mercado aberto com títulos públicos, o Banco Central não incorre em risco de crédito, não tem necessidade de avaliar riscos privados associados aos papéis que compra e, muito provavelmente, irá revendê-los quando a situação se reverter, sem maiores dificuldades ou prejuízos.

Ao adquirir títulos privados, o Banco Central faz uma política monetária expansionista que tem um componente de política fiscal. Imaginemos o caso extremo, aquele em que o Banco Central adquire títulos privados que não têm valor residual. Nesse caso, a expansão monetária não poderá ser revertida através da revenda dos títulos ao setor privado, já que eles não têm valor e, portanto, não encontrarão comprador. Para reverter a expansão monetária, será preciso emitir títulos públicos em valor equivalente ao pago pelos títulos privados sem valor

EM PLENA CRISE: UMA TENTATIVA DE RECOMPOSIÇÃO ANALÍTICA

residual. Tudo o que for pago por títulos privados que não têm valor é uma doação, uma troca de papéis bons do Tesouro por papéis podres do setor privado. Trata-se de uma forma de reduzir a dívida privada através do aumento da dívida pública. Caso os títulos privados adquiridos pelo Banco Central tenham algum valor residual, mas inferior ao preço pelo qual foram adquiridos, a situação é essencialmente a mesma. Toda vez que o Banco Central adquire títulos privados acima de seu valor, há um componente fiscal associado à política monetária. Esse componente fiscal da política monetária é diferente da política de expansão dos gastos públicos, seja de custeio ou de investimentos, pois não tem impacto direto sobre a demanda agregada. Apenas transfere endividamento privado para o setor público. A capacidade de esse tipo de política fiscal reanimar a economia é inferior à do aumento dos gastos públicos diretos, especialmente se o setor privado, atolado na deflação, estiver decidido a entesourar todo aumento de sua riqueza líquida.

O objetivo desse tipo de política não é o de reanimar diretamente a economia, como recomenda Keynes, mas o de tentar evitar o colapso do sistema financeiro e restabelecer o crédito, completamente obstruído. É um objetivo indispensável para que a recessão não se aprofunde, mas que, se mal conduzido, pode apenas transferir ativos podres para o Tesouro até torná-lo insolvente, sem capacidade de reanimar a economia. Um caso extremo e ilustrativo é o da Islândia. O sistema bancário da Islândia, altamente internacionalizado, inviabilizou-se com a crise. A Islândia foi obrigada a garanti-lo para evitar a quebra. Ocorre que ao assumir o passivo do sistema bancário, tornando-o dívida pública, a própria Islândia quebrou. O sistema bancário da Islândia era grande demais para o tamanho do país.

Qualquer que seja o tamanho da economia, há sempre um

limite para a capacidade de assunção de dívidas privadas pelo setor público. O que se pretende, tanto com as novas atribuições dadas ao Fed como com o fundo de salvamento aprovado pelo Congresso americano, é reanimar o sistema financeiro, muito antes que o volume de dívidas privadas a ser assumidas pelo Tesouro se aproxime desse limite. A assunção de dívidas privadas, tanto por parte do Banco Central como diretamente pelo Tesouro, deveria dar liquidez a um mercado engasgado pelo excesso de alavancagem e estancar a queda dos preços, causada pela venda forçada de ativos, quando não há compradores dispostos a assumir riscos. Uma vez revertida a situação de iliquidez, pânico e paralisia, os mercados voltariam a funcionar e os preços dos papéis se recuperariam. O Banco Central e o Tesouro poderiam revender, mais à frente, os ativos adquiridos do setor privado com pouco prejuízo ou até mesmo com lucro. Muito provavelmente isso ocorreria se a crise fosse apenas de iliquidez, mas está claro que a crise hoje é também de solvência. Grande parte dos ativos do setor privado tem realmente baixíssimo, ou nenhum, valor residual. Assim sendo, grande parte dos ativos que vierem a ser adquiridos pelo setor público, via Fed ou Tesouro, não tem efetivamente valor, é pura transferência de riqueza para o setor privado. O resultado é um aumento da dívida pública que não terá como ser revertido a curto prazo.

Os riscos do gradualismo

Para que um programa de transferência de dívidas privadas problemáticas para o setor público seja bem-sucedido é preciso que a economia se recupere antes que o setor público, ele próprio, se torne insolvente. Para isso, é fundamental que o programa seja percebido como efetivamente capaz de reverter a situação. O gradualismo nesse caso é perigoso. Se a velocidade com que o setor público absorve ativos problemáticos for inferior à velocidade com que mais ativos privados se tornam problemáticos, é evidente que a situação não será revertida. A recessão e a inexistência de crédito tornam cada vez mais ativos, perfeitamente saudáveis, insolventes. Se prolongado, esse estado de coisas pode resultar numa tal transferência de ativos podres para o setor público que nem o Tesouro será capaz de digerir.

No caso dos Estados Unidos, há espaço para o aumento do endividamento público antes que o país venha a enfrentar problemas. É de toda forma importante entender os riscos de um aumento significativo da dívida pública americana. A partir de um certo ponto, o aumento da dívida passará a ser percebido como preocupante. A restrição fiscal intertemporal pode se tornar difícil de administrar. O governo tem sempre a opção de monetizar grande parte do aumento da dívida. Hoje isso não seria um problema, mas até conveniente. Enquanto houver risco percebido de deflação e a taxa básica de juros continuar próxima de zero, a monetização é fonte de preocupação. Enquanto a economia mundial estiver toda relativamente sincronizada em recessão, o problema não é grave, pois a demanda por moeda e títulos americanos é excepcionalmente grande. Mas assim que outras economias deem sinais de recuperação, que apareçam oportunidades de investimentos, enquanto a economia americana permanece estagnada com a indigestão de ativos podres, a demanda pela moeda e pela dívida americana se reduzirá. O resultado — especialmente se a taxa básica de juros controlada pelo Fed for mantida perto de zero, para não inviabilizar a recuperação da economia — será a desvalorização do dólar e a elevação das taxas de longo prazo da dívida. O Fed, com seu ativo cheio de títulos privados de valor questionável, teria de enfrentar uma súbita redução da demanda por sua moeda. Entre elevar a taxa de juros para esterilizar a redução da demanda de moeda e prolongar a recessão, ou aceitar a desvalorização do dólar e a inflação decorrente da tentativa do público de reduzir seu estoque de moeda, o Fed optaria sem dúvida pela segunda alternativa. Um pouco de inflação é tudo que deseja o Fed para acelerar o processo de digestão de dívidas.

A questão-chave é se será possível passar de forma gradual, sem descontinuidades, da deflação para uma pequena inflação. Quanto mais desorganizadora a recessão, quanto mais longe tiver ido o processo de troca de ativos podres privados por dívida pública, quanto mais rápida a taxa de crescimento da relação dívida-PIB, quanto maior a resistência do Fed para subir a taxa básica de juros quando houver uma redução da demanda pelo dólar, maior será o risco de uma descontinuidade. O resultado pode ser uma desvalorização brusca do dólar, a única das previsões dos que anteviram essa crise que ainda não se realizou.

Para concluir

Essa crise foi subestimada. Hoje já se tem consciência de sua gravidade. Ficou claro que esta é a crise mais séria desde a Grande Depressão dos anos 1930. O fato de não ter sido antecipada, ter sido subestimada, ter sido descartada como uma pequena correção de preços dos ativos, um mero ajuste, que não deveria durar mais que um ou dois trimestres, fez com que as medidas para enfrentá-la estivessem sempre atrasadas. Muito pouco, muito tarde. A paralisação do mercado de

EM PLENA CRISE: UMA TENTATIVA DE RECOMPOSIÇÃO ANALÍTICA

crédito, em setembro de 2007, não foi um acidente reversível como se imaginou. A queda das bolsas não foi provocada por uma reação irracional que abriu uma oportunidade de compra. As economias emergentes não se descolaram da recessão nos países centrais e assumiram o papel de novas locomotivas da economia mundial. O Brasil não está "blindado" — esta palavra horrível —, mas já foi afetado. Estamos relativamente bem, ajudados tanto pelo dever de casa feito nos últimos anos como pela sorte de termos chegado tarde para a festa. Fora do epicentro, seremos atingidos de forma menos intensa, mas sobretudo defasada. Para o Brasil, a crise começou no último trimestre de 2008, quando a quebra do Lehman Brothers interrompeu o crédito comercial internacional.

Não vamos, entretanto, nos iludir: seremos duramente atingidos. Previsões são sempre difíceis, até porque dependem da capacidade de compreender e de reagir. O realismo da análise, sem o qual não há como agir bem, não deve ser afastado em nome de um otimismo, nesse momento, mais incompetente que ingênuo. A capacidade de compreender o quadro mundial e nossa especificidade é mais importante que a tentativa de fazer previsões.

141

10
Além da crise:
macrodesequilíbrio, credibilidade
e moeda reserva[*]

1

NAS ÚLTIMAS TRÊS DÉCADAS do século passado, consolidou-se uma visão do que constitui a boa prática de política macroeconômica. A melhor forma de condução das políticas monetária, fiscal e cambial, inspiradas no que se poderia chamar de um consenso macroeconômico, parecia ter levado, se não à superação completa, a uma significativa moderação dos ciclos econômicos. A alternância histórica entre fases de crescimento e bonança e fases de recessão e agruras parecia ter sido substituída por um horizonte de crescimento contínuo, sem o espectro da recessão e do desemprego. As autoridades econômicas, os bancos centrais em particular, teriam finalmente dominado a tecnologia para evitar as grandes recessões e o desemprego extraordinário. Para os países centrais, os tradicionais limites

---

[*] Texto originalmente apresentado para Discussão n. 15 no Instituto de Estudos de Política Econômica (Iepe), Casa das Garças/ CdG, Rio de Janeiro, abr. 2009.

macroeconômicos, externo e interno, representados pela capacidade de crescer sem esgotar as fontes de financiamento externo e sem despertar o dragão inflacionário, pareciam ter sido suficientemente afastados, para não mais representarem uma restrição efetiva ao crescimento sustentável.

Para os países emergentes, para os quais a confiança dos investidores internacionais ainda era condicional, isso não era verdade, como demonstraram as crises recorrentes por que passaram nas últimas três décadas. O fato de que economias periféricas não tivessem alcançado o nirvana da grande moderação macroeconômica, estivessem sujeitas a grandes crises de balanço de pagamentos, ainda que tivessem adotado o receituário da grande síntese macroeconômica, era visto apenas como sinal de que ainda precisavam de reformas institucionais e de tempo para a consolidação da confiança. Nos países periféricos, consolidar a confiança externa era objetivo primordial. Depois da eclosão das crises, apesar da desvalorização da moeda, da interrupção dos fluxos de capitais externos, da desorganização econômica e do desemprego, a política macroeconômica era obrigatoriamente voltada para a recuperação da confiança. Políticas monetárias e fiscais contracionistas, para o restabelecimento da confiança externa, são especialmente perversas quando a economia mergulha em recessão, as empresas enfrentam grandes dificuldades, o sistema bancário se encontra ameaçado e há grande aumento do desemprego. Para as economias periféricas, entretanto, nunca houve condescendência: em caso de crise, a política econômica não poderia ser anticíclica, dirigida para minorar seus efeitos, mas perversamente pró-cíclica, para restabelecer a confiança abalada.

Enquanto as economias centrais tinham a impressão de que os limites do possível tinham sido de tal forma ampliados, que não representavam mais restrições ao crescimento da demanda, os países periféricos tomavam lições dolorosas sobre os riscos de se aproximarem dos geniosos limites da restrição externa. As várias crises dos países da Rússia e dos países da América Latina e da Ásia não deixaram alternativa: para os emergentes que desejassem participar da integração econômica mundial, que quisessem se beneficiar da expansão do comércio e do investimento internacional, era preciso precaver-se contra a possibilidade de ser atropelados por crises cambiais. As consequências seriam dolorosas e, a menos que se tomasse o caminho do isolamento, seriam impedidos de conduzir políticas macroeconômicas compensatórias, depois do surgimento da crise.

2

As duas últimas décadas do século XX consolidaram uma percepção de mundo que pode ser esquematicamente descrita da seguinte forma. Os países centrais, emissores de moedas reserva, os Estados Unidos principalmente, mas também o Japão e os países da União Europeia que adotaram o euro, e em menor escala, a Inglaterra e a Suíça, com a confiança externa garantida e o espectro da inflação afastado, não tinham restrição efetiva ao crescimento, a não ser o estabelecido pela capacidade de criar demanda doméstica. Os limites da função de produção doméstica seriam indefinidamente complementados pela capacidade de financiar qualquer déficit externo. É verdade que a capacidade de criar demanda doméstica era muito diferente entre eles. Num extremo, os Estados Unidos, a mais dinâmica economia mundial, movida por uma agressiva mentalidade consumista, turbinada pelas extraordinárias inovações tecnológicas e financeiras das últimas décadas, convencida de sua inesgotável capacidade de adaptar-se e reinventar-se. No outro, o Japão, que depois do fim da bolha imobiliária no início da década de 1990 viu-se paralisado, com o sistema bancário insolvente e o setor privado traumatizado, incapaz de responder aos estímulos da política econômica para gastar e reduzir a taxa interna de poupança. Mesmo entre os países da Comunidade Europeia houve diferenças marcantes na velocidade do consumo e do crescimento. Num extremo a Espanha e a Irlanda, no outro, a Alemanha, naturalmente conservadora e, durante muito tempo, engasgada com sua unificação. Mas, como um todo, os países centrais, emissores de moedas reserva, foram as locomotivas do consumo mundial, despreocupados com o aumento do endividamento privado interno e com os recorrentes e crescentes déficits externos. Mesmo o Japão, incapaz de reacender o consumo privado doméstico, fez uso da política fiscal e, sobretudo, da política monetária, agressivamente expansionista, que, em última instância, financiou parte do endividamento e do consumo internacional dos países centrais. Mesmo quando não conseguem estimular a demanda interna por meio de uma política monetária expansionista, depois da crise, os países centrais, emissores de moedas reserva, podem financiar o consumo externo de seus parceiros comerciais para expandir suas exportações.

Os países periféricos, traumatizados e escaldados pelas crises recorrentes, compreenderam que a adoção da síntese de política macroeconômica não era condição de suficiência para garantir a confiança dos investidores e poder participar diretamente da grande euforia da expansão do crédito mundial. Para evitar que fossem recorrentemente atropelados, por uma súbita falta de confiança dos investidores, ao levarem longe demais a dependência de capitais externos, os países periféricos adotaram uma atitude cautelosa. Compreenderam que era possível beneficiar--se da expansão financeira e comercial mundial, mas a reboque, necessariamente, do dinamismo das economias centrais. Era preciso garantir que o crescimento doméstico estivesse sempre subordinado ao crescimento da demanda externa. O setor exportador deveria funcionar como dínamo do crescimento econômico, mesmo que — como é quase sempre o caso nas economias emergentes —, com carências de toda ordem, a demanda interna tivesse um enorme potencial de dinamismo. O crescimento das economias periféricas neste início de século foi todo baseado na contenção do consumo doméstico e no estímulo às exportações para atender ao consumo das economias centrais. Explica-se assim que o Brasil, tendo enfrentado mais uma crise de balanço de pagamentos, em 1999, já depois de superada a inflação crônica, tenha adotado desde então uma política monetária, ao menos à primeira vista, excessivamente conservadora.

Os juros extraordinariamente altos no Brasil são um seguro contra a instabilidade geniosa dos investidores. Países emergentes, que dispõem de uma credibilidade condicional, não têm espaço para transformar o consumo interno em locomotiva do crescimento. Toda tentativa de mobilizar o consumo interno como fator autônomo de crescimento corre o risco de esbarrar na restrição externa. O resultado é uma brutal e desorganizadora desvalorização cambial, depois da qual não haverá espaço para conduzir políticas anticíclicas compensatórias. Tanto a política monetária como a política fiscal deverão ser contracionistas, para restabelecer a confiança abalada dos investidores internacionais.

3

A partir do início deste século, depois das recorrentes crises sofridas pelas economias dos países periféricos, ficou evidente que o benefício de integrar-se à economia comercial e financeira globalizada era condicional à adoção de uma postura subordinada. A integração deveria ser dirigida para expandir a base exportadora, com o objetivo de crescer dentro dos limites impostos pela manutenção de uma posição de contas externas superavitárias. Acumular um colchão de reservas internacionais era condição para uma integração sustentável. As reservas internacionais mantidas pelos países periféricos são muito superiores ao que seria razoável, se o mercado internacional de capitais tivesse qualquer semelhança com o mercado competitivo teórico. Apenas duas alternativas estavam abertas aos países periféricos: uma inserção subordinada ou manter-se à margem da economia globalizada. Na América Latina, a Venezuela de Hugo Chávez lidera a tentativa de criar um circuito alternativo, que inclui Equador, Bolívia e Argentina. Brasil, México, Chile e Colômbia estão entre os que optaram por uma inserção subordinada. Questões ideológicas à parte, o balanço econômico é inequívoco: integrar-se à economia globalizada, ainda que de forma subordinada, foi uma alternativa muito superior à do clube dos excluídos. O fato parece não ter escapado à liderança chinesa desde que teve início o processo de reversão da revolução cultural maoísta. A China, alertada dos riscos de uma integração incondicional à economia globalizada pelas crises por que passaram seus vizinhos asiáticos, manteve, desde o início, uma postura extremamente conservadora. Procurou integrar-se, mas com uma postura de conotação mercantilista exportadora, cujo objetivo primordial é beneficiar-se da demanda externa dos países centrais para garantir expressivos superávits comerciais. Só depois de acumular um extraordinário colchão de reservas internacionais é que a China passou a reduzir gradualmente os entraves sobre o crescimento da demanda interna. Ainda assim, até a eclosão da crise atual, a China manteve o papel de locomotiva secundária, principal fonte de demanda pelos produtos primários, exportados primordialmente pelas economias periféricas, desde que suas exportações e seu superávit comercial estivessem garantidos pela euforia do consumo nos países centrais. O consumo interno chinês esteve sempre reprimido, tanto pela política econômica quanto pelo controle direto do acesso das populações rurais às áreas urbanas.

O crescimento atrelado exclusivamente ao aumento do consumo dos países centrais não tem como se sustentar por um período prolongado. Nesses países, o crescimento demográfico é baixo ou mesmo nulo, a pirâmide demográfica está invertida e o padrão de vida já é muito elevado. Manter o alto crescimento do consumo depende, simultaneamente, da capacidade de se criar novas necessidades de consumo e da possibilidade de expandir os mecanismos de financiamento, para famílias cada vez mais endividadas. Os países ricos centrais consomem, endividando-se para satisfazer necessidades cada vez mais artificiais, com produtos feitos na China, que controla seu custo de mão de obra e adquire matérias-primas dos países emergentes secundários. Não é preciso uma análise muito profunda para concluir que esse modelo é insustentável no longo prazo. Sinais da inviabilidade do crescimento mundial ancorado nesse modelo desequilibrado acumulavam-se havia anos. Sua expressão maior era o déficit em conta-corrente americano e sua contrapartida: o superávit comercial e a acumulação de reservas internacionais pela China.

4

Há duas grandes vertentes de interpretação das raízes da crise. A primeira dá ênfase a uma deficiência do quadro regulatório. Deficiência que teria levado aos excessos de alavancagem, incorridos pelo sistema financeiro mundial, viabilizados pela explosão de engenhosidade que se seguiu à transformação de um sistema de relacionamento para um sistema de transações de mercado. Essa transformação acelerou-se a partir do desenvolvimento dos contratos contingentes, os chamados "derivativos", e da securitização de créditos. A segunda vertente enfatiza os grandes desequilíbrios macroeconômicos internacionais. É evidente que as duas estão, ao menos parcialmente, corretas, mas são sobretudo complementares. O desequilíbrio macroeconômico não teria sido tão profundo, nem teria se sustentado por tanto tempo, sem o desenvolvimento extraordinário do mercado financeiro. O endividamento e o grau de alavancagem mundial não teriam atingido os extremos a que chegaram sem o desequilíbrio macroeconômico internacional. Aceitar a correção e a complementaridade das duas interpretações não significa, contudo, concluir que a redefinição do marco regulatório do sistema financeiro seja tão relevante quanto encontrar uma alternativa para o desequilíbrio macroeconômico internacional. O novo desenho da regulamentação do sistema financeiro, promovido de forma apressada e sob o impacto emocional da necessidade de injetar recursos públicos para sanear a irresponsabilidade, corre o risco de ser excessivamente repressor e voltado para impedir erros já incorridos. É mais fácil proibir e cercear que adaptar o marco regulatório aos desafios que estão por vir. O ímpeto punitivo e cerceador é voltado para os riscos do passado e incapaz de antecipar os desafios do futuro. De toda forma, a definição do novo marco regulatório financeiro, por mais importante que seja, não seria capaz de destravar o sistema financeiro, muito menos contribuir para a retomada da economia mundial. A questão maior é como reorganizar a economia mundial para dar-lhe um dinamismo sustentado sobre fatores distintos daqueles sobre os quais esteve baseado nas últimas três décadas. Qual o arcabouço institucional capaz de garantir um dinamismo sustentável da economia mundial, sem retomar e aprofundar os desequilíbrios das últimas décadas?

5

Mais de um ano e meio depois do primeiro sinal de que o mercado financeiro internacional tinha problemas sérios, dados em agosto de 2007, não há mais dúvida quanto à profundidade e ao caráter global da crise. É a mais séria crise desde a Grande Depressão de 1929, ouve-se repetidamente. Certificar-se de que os erros cometidos em 1929 não se repitam parece pautar a reação da política econômica norte-americana. Onde estamos na crise e o que esperar da reação de política econômica posta em prática até esse momento?

O fator deflagrador da crise foi o esgotamento do ciclo expansionista do mercado imobiliário residencial nos Estados Unidos. Como ficou evidente a seguir, a bolha do mercado imobiliário americano era apenas o aspecto mais crítico do esgotamento de um ciclo maior: o do crescimento acelerado do consumo nos países centrais, financiado pelo endividamento crescente do setor privado. Exauriu-se o ciclo de consumo com endividamento, levado a níveis extremos pela engenhosidade de um sistema financeiro globalizado. Depois de alguns meses de colapso dos preços dos ativos, o resultado não demorou a aparecer: o sistema financeiro estava insolvente e os consumidores, excessivamente endividados.

A reação da política econômica, num primeiro momento, sobretudo nos Estados Unidos, mas em seguida também na

Europa, foi de assegurar que os erros de 1929 não fossem re-
petidos. Preocupados em garantir a liquidez do sistema financeiro a qualquer preço, os bancos centrais passaram a emitir
moeda, das formas mais convencionais às mais heterodoxas. O
objetivo era interromper a queda brusca dos preços dos ativos,
imobiliários e mobiliários, antes que o sistema financeiro se
tornasse insolvente, ou seja, tivesse seu capital próprio tragado
pela desvalorização de seus ativos. A agressividade do Fed, a
partir da quebra do banco Lehman Brothers, em setembro de
2008, não foi suficiente para reverter o quadro. A velocidade
da deterioração do valor dos ativos nas carteiras dos bancos
continuou superior à capacidade das agências governamentais
de simultaneamente capitalizá-los com recursos públicos e assumir seus créditos problemáticos. A extraordinária injeção de
liquidez no sistema financeiro, desde o início de 2008 até abril
de 2009, representou um aumento do ativo do Fed de quase
1,2 trilhão, ou seja, aproximadamente 10% do PIB americano. A
aquisição de ativos financeiros e o aumento do capital dos bancos, financiados pela expansão do ativo do Fed, é um processo
de transformação de dívidas privadas em dívidas públicas, pois
grande parte dos créditos adquiridos é irrecuperável. O objetivo
de um comprometimento de recursos públicos dessa magnitude
é fazer com que o sistema volte a emprestar. Trata-se de um propósito ainda sem sucesso e, muito provavelmente, continuará
assim enquanto o setor privado estiver sobre-endividado.

6

Para reativar a economia estagnada depois de uma grande recessão, recorre-se à receita de John Maynard Keynes, exposta
em sua teoria geral da moeda e do emprego, de 1936. O traba-

lho seminal de Keynes, posteriormente sistematizado, é a base da moderna macroeconomia, sobre a qual se fundamenta até hoje, embora profundamente revista, a formulação de políticas monetárias e fiscais. Keynes argumenta que em períodos de recessão e deflação, a política monetária pode se tornar incapaz de estimular a demanda agregada. Só a política fiscal, por meio do aumento dos gastos e dos investimentos públicos, poderia fazer a economia estagnada "pegar no tranco". A política fiscal keynesiana é a que expande os gastos públicos correntes, sobretudo os de investimentos, para criar demanda agregada e reacender, através do chamado multiplicador keynesiano, a demanda privada. Quando o Fed expande seu ativo adquirindo créditos problemáticos, embora haja um componente fiscal embutido na provável elevação da dívida pública, trata-se ainda de uma ação de política monetária. Política monetária não convencional, com um provável impacto direto na dívida pública, decorrente da incapacidade de recuperar o valor integral desses créditos, mas ainda assim política monetária. Embora essa não seja a política monetária clássica à qual Keynes se referia, ela também é incapaz de estimular a economia nas atuais circunstâncias. A razão é simples: ainda que seja executada até o ponto em que o sistema financeiro, menos alavancado e recapitalizado, esteja disposto a voltar a conceder empréstimos, não haverá tomadores. Enquanto o setor privado não financeiro estiver excessivamente endividado, preocupado em poupar para reduzir seu endividamento, os únicos possíveis tomadores de novos empréstimos serão justamente os incapazes de amortizar suas dívidas. Só estará disposto a tomar novos empréstimos quem não é capaz de honrar seus compromissos anteriores. A desalavancagem apenas do setor financeiro não resolve o problema, é preciso que o setor privado não financeiro, as famílias e as empresas também consigam reduzir sua alavancagem para que o sistema volte a funcionar. Para isso, não basta haver quem se disponha a dar crédito, mas também quem seja digno de crédito e se disponha a tomá-lo.

Há uma diferença fundamental entre as condições a partir das quais Keynes formulou suas teses e as condições atuais. A teoria geral é de 1936. Antes disso, a partir de 1931, esboços da tese ali formulada aparecem nos ensaios de Keynes. A partir de 1932 a economia estava ainda prostrada em profunda depressão, mas, como se sabe hoje, em grande parte devido aos equívocos na condução das políticas monetária e fiscal, o excesso de endividamento do setor privado tinha sido eliminado pelo colapso do sistema financeiro. A quebra generalizada dos bancos e das empresas resolveu o problema do endividamento excessivo. Bancos, empresas e famílias estavam quebrados, mas sem dívidas. Os custos foram dramáticos, mas o excesso de endividamento desapareceu. O fato de não repetirmos hoje os erros cometidos em 1929 deixa-nos em situação muito diferente daquela em que se encontrava a economia em 1932. Se, por um lado, não se permitiu que o sistema financeiro fosse à bancarrota, que a economia se desorganizasse por completo e que o desemprego aberto atingisse números perto de 30%, como ocorreu na Grande Depressão, por outro lado a economia continua hoje, a quase dois anos do início da crise, completamente soterrada em dívidas impagáveis. Enquanto o setor privado, empresas e famílias tiverem um endividamento percebido como excessivo, estarão dedicados a reduzir suas despesas e aumentar a poupança, até que o endividamento tenha voltado a um nível aceitável. No início da década de 1930 não havia demanda porque não havia atividade econômica nem renda. Hoje, não há demanda porque a necessidade de reduzir o excesso de endividamento exige que se poupe uma parte substancial da renda. São situações diferentes.

O que ocorre hoje nos Estados Unidos é mais parecido com o que ocorreu no Japão depois da crise imobiliária e bancária do início dos anos 1990. A intervenção do governo impediu que os bancos quebrassem, a política monetária e fiscal tornou-se agressivamente expansionista, os juros foram para níveis próximos de zero, e ainda assim a economia manteve-se praticamente estagnada desde então. A economia prostrada, mas sem dívida, pode dar início a uma recuperação através do aumento das despesas públicas, que funcionam como um motor de arranque. Uma vez posta em marcha, a renda gerada não é mais primordialmente poupada para reduzir o endividamento, mas gasta para recompor o padrão de vida das famílias, o que cria demanda e dá início ao círculo virtuoso da recuperação. Já numa economia paralisada pelo excesso de dívida do setor privado, como foi o caso do Japão desde os anos 1990, e agora o caso dos Estados Unidos, nem a política monetária nem a política fiscal são capazes de reativar a economia. Grande parte da renda gerada pelo aumento do gasto público é poupada pelo setor privado para reduzir seu endividamento. Interrompe-se assim o círculo virtuoso do multiplicador keynesiano de dispêndios.

A melhor avaliação de situações como essas, da economia em deflação, paralisada pelo excesso de dívida, não é de Keynes, cuja análise é mais voltada para como reativar uma economia onde as dívidas foram dizimadas pela depressão, mas sim do economista americano Irving Fisher, que viveu entre 1867 e 1947. Keynes, ao menos o da teoria geral, é o economista do período pós-depressão. Fisher é o grande analista dos períodos depressivos em si, quando a questão do endividamento excessivo e da deflação é dominante. Fisher estudou as depressões de 1837 e 1873, assim como a de 1929 a 1933, e desenvolveu sua tese de que nem a política monetária nem a política fiscal são capazes de estimular a economia enquanto perdurar uma situação de endividamento excessivo. Para se ter uma ideia relativa da magnitude do problema do endividamento, o total da dívida americana, em 1929, era de 300% do PIB, e chegou a quase 360% do PIB no fim do ano passado, depois de ficar entre 130% e 160%, desde o início dos anos 1950 até o final da década de 1980. Ben Bernanke, o atual presidente do Fed, ele próprio um acadêmico com trabalhos importantes sobre os períodos de depressão, demonstrou ter consciência da dificuldade de sair do atoleiro deflacionário, quando há alguns anos, em visita ao Japão, afirmou que a melhor maneira de sair da deflação é não entrar nela.

7

Há uma simetria entre a questão da inflação e a questão da deflação. Antes é preciso especificar que a inflação que quero contrapor à deflação não é a pequena inflação, sempre presente numa economia saudável, nem mesmo um surto inflacionário mais forte, por pressões circunstanciais, que pode levar os índices anuais acima dos dois dígitos. O quadro inflacionário ao qual me refiro é o das grandes inflações crônicas, como o que caracterizou a economia brasileira desde a década de 1970 até a estabilização, com o real, nos anos 1990. Assim como o quadro inflacionário crônico é essencialmente um problema de endividamento excessivo do setor público, o quadro deflacionário é essencialmente um problema de endividamento excessivo do setor privado.

A inflação crônica decorre de uma incompatibilidade intertemporal da restrição orçamentária do governo, independente da função de taxação que vier a ser adotada. Trata-se do caso em que o setor público abusou de tal forma de sua capacidade de extrair recursos, seja das gerações presentes — tanto através de tributos quanto através do chamado "imposto inflacionário" —, seja das gerações futuras — através do endividamento —, que sua credibilidade é finalmente exaurida. A dívida pública passa a ser percebida como impagável e a moeda nacional é substituída por moedas paralelas. O fim das grandes inflações passa necessariamente pela redução do endividamento público, ou pela socialmente onerosa hiperinflação, ou alternativamente por alguma forma de default. No caso do Brasil, o Plano Collor, apesar de fracassado, revelou-se uma forma barroca e complexa, ainda mais agressiva que um default negociado, de reduzir a dívida pública. Entretanto, foi condição para que a sofisticada desindexação do Plano Real viesse a ter sucesso.

A deflação, por sua vez, decorre de uma incompatibilidade intertemporal da restrição orçamentária do setor privado. A partir de um determinado ponto de endividamento, o setor privado só se percebe como capaz de carregar sua dívida enquanto acredita na contínua alta dos preços de seus ativos. Como a alta dos preços dos ativos é alimentada pelo próprio endividamento, a partir de certo ponto o processo adquire características de uma bicicleta especulativa. No momento em que se interrompe a alta dos preços dos ativos, o setor privado descobre-se subitamente insolvente. As bolhas especulativas imobiliárias, sobretudo residenciais, por se basearem nos ativos de propriedade mais abrangente, são as que mais estragos causam quando se exaurem. Diante da ameaça da deflação, a opção por não dar crédito público a um setor privado insolvente, por não conduzir uma política monetária agressivamente contracíclica, é o equivalente simétrico a, no quadro da inflação crônica, permitir que se chegue à hiperinflação aberta. Essa foi efetivamente a opção tomada em 1929, com

a insistência no equilíbrio fiscal e na manutenção do padrão-
-ouro. O resultado, assim como na hiperinflação aberta, é zerar
a pedra através da quebra generalizada. Não é preciso reforçar os custos absurdos da opção de resolver o endividamento
excessivo — seja público, via hiperinflação, seja privado, via
depressão — através de uma política de terra arrasada.

A experiência de 1929 ensinou-nos que o apego à ortodoxia, a recusa a financiar com recursos públicos uma economia
insolvente, é um equívoco a não ser repetido. Infelizmente,
sabe-se desde Keynes que a política monetária expansiva não é
capaz de estimular a economia nessas circunstâncias. É capaz
de evitar seu colapso, aprendeu-se com os estudos posteriores
de Milton Friedman e Anna Schwartz, mas, ao dar sobrevi-
da a uma economia atolada em dívidas, torna ineficaz também a política fiscal, como já havia observado Irving Fischer.
Enquanto o endividamento não for digerido, tanto a política
monetária como a política fiscal são ineficazes. As alternativas
não são atraentes: deixar a economia desmoronar para que as
dívidas desapareçam e em seguida usar a política fiscal para
reanimá-la, ou inundar a economia insolvente com crédito público, para evitar o colapso, mas ficar sem instrumentos para
tirá-la de uma prolongada letargia.

8

Tudo indica que os Estados Unidos terão pela frente um longo
período de estagnação. A opção por uma política monetária
agressiva e heterodoxamente expansiva deverá evitar a repetição do colapso de 1929, quando o PIB chegou a cair perto de
50% e o desemprego aberto superou os 30%. Em contrapartida, o excesso de dívida do setor privado deverá levar anos

para ser digerido. Como o excesso de dívida é algo relativo à renda e ao produto interno, quanto menos crescer a economia, mais longo será o período de digestão. Ou inversamente, quanto maior for a demanda, maior será o crescimento e mais rápida a digestão do excesso de dívida. Essa é a explicação para o aparente contrassenso de estimular o consumo numa sociedade que enfrenta uma crise monumental justamente por consumir e se endividar em excesso. Um chargista captou bem a contradição ao descrever o estado das coisas: país viciado em bolhas especulativas busca desesperadamente nova bolha para investir.

A dúvida quanto à atitude correta nas atuais circunstâncias, gastar ou poupar, parece confundir a todos. Tudo indica que o ideal seria poupar, mas desde que os outros gastem. E quem são "os outros" numa perspectiva macroeconômica? A resposta vem de uma identidade elementar da contabilidade nacional: os outros são, primeiro, os estrangeiros que compram nossas exportações e, segundo, o governo, que, ao gastar, saca contra as gerações futuras. Keynes demonstrou que, mesmo que o governo financiasse o aumento dos gastos com aumento correspondente dos impostos, o efeito líquido seria um aumento da demanda agregada, porque os impostos arrecadados vêm parcialmente da poupança. Quando se fala em aumento do gasto público nas atuais circunstâncias, não se trata, entretanto, absolutamente de financiá-los com o aumento dos impostos, mas integralmente através do aumento da dívida pública. Fica claro que quanto mais o estímulo à demanda interna vier das exportações, menor a conta a ser dependurada nas gerações futuras. Enquanto as exportações são uma contribuição externa à recuperação da demanda, as importações são um dreno à demanda interna. Numa economia aberta, parte do esforço de aumentar os gastos públicos se esvai por meio de importações. A eterna tentação protecionista encontra um apelo renovado.

9

Retomemos então o fio do raciocínio. Na raiz da crise, apesar dos evidentes excessos do sistema financeiro, não está a falta de regulamentação, mas os graves desequilíbrios macroeconômicos mundiais. O consumo dos países centrais, turbinado pelas novas formas de financiamento criadas por um sistema financeiro globalizado, foi a locomotiva do crescimento mundial. O esgotamento da capacidade de se endividar para consumir nos países centrais levou à crise, que paralisou a economia mundial no último trimestre de 2008. Com a lição sobre 1929 bem compreendida, a política monetária americana tem inundado a economia com moeda e crédito, na tentativa de evitar uma depressão profunda. Ainda que bem-sucedidas, as economias dos Estados Unidos e dos demais países centrais, sobre-endividados, deverão ficar estagnadas, sob a ameaça da deflação por alguns anos. A assunção de dívidas privadas pelo setor público, para evitar o colapso do sistema financeiro, poderá ser bem-sucedida, mas ao custo de um grande aumento da dívida pública. Apesar do provável aumento expressivo dos gastos públicos, as economias centrais deverão continuar estagnadas enquanto durar o endividamento excessivo do setor privado. O período de digestão do excesso de dívidas será longo. Como numa economia globalizada as importações drenam o esforço doméstico de reativar a demanda interna através do gasto público e as exportações, ao contrário, contribuem para a recuperação da demanda interna, a tentação para que também as economias centrais adotem uma postura protecionista será grande.

No horizonte dos próximos anos, não há políticas domésticas capazes de revitalizar as economias centrais. O momento seria ideal para reverter o desequilíbrio das últimas décadas. Um agressivo programa de aumento do consumo e do investimento nos países periféricos seria a resposta mais adequada para a recuperação mundial. Além de contribuir para a recuperação das economias centrais, viria aliviar toda sorte de carências reprimidas na periferia. Ocorre que os países de economias periféricas, traumatizados pelas consequências de toda tentativa de assumirem o papel de agentes autônomos de sustentação da demanda mundial, adotaram uma postura conservadora mercantilista, que não será facilmente modificada. Essa postura conservadora foi-lhes estimulada — quando não imposta, mesmo em condições recessivas extremas — para obter credibilidade. A compreensível resistência em reverter a política conservadora dos países periféricos agravará o sentimento de irritação nos países centrais, o que deverá alimentar a tentação protecionista e nacionalista, sempre mais forte em momentos de crise.

A crise deixou claro o caráter anacrônico do quadro político e institucional mundial para lidar com a ameaça de uma recessão sincronizada. O quadro político não acompanhou a velocidade com que o mundo se globalizou. O arcabouço institucional não se adaptou à revolução tecnológica que levou à integração econômica. A crise dos anos 1930 terminou por levar, em 1944, à conferência de Bretton Woods, de onde saiu a tentativa de criar uma ordem monetária e instituições econômico-financeiras internacionais. Mais de seis décadas, muitas crises e algumas revisões depois, o sistema está definitivamente ultrapassado. Não basta o esforço de dar fôlego às instituições criadas no âmbito do fim da Segunda Guerra por meio da incorporação dos novos atores da cena mundial. Coordenação internacional parece, hoje, a fórmula mágica. É preciso, simultaneamente, coordenar os esforços de políticas fiscais e monetárias, evitar a tentação protecionista, tanto comercial como financeira, discutir uma regulação financeira harmônica, e, sobretudo, reverter os desequilíbrios macroeconômicos das últimas décadas. Sem o arcabouço institucional adequado, a coordenação não pode almejar mais que as declarações de boas intenções, como as da recente reunião do G20 em Londres.

A questão da moeda reserva mundial foi recentemente retomada pelo presidente do Banco Central chinês. À primeira vista, o fato poderia ser tomado como uma provocação ou uma retaliação às reiteradas declarações das autoridades americanas de que a China deveria valorizar sua moeda. O artigo de Zhou Xiaochuan, presidente do Banco Central chinês, é sensato. A moeda reserva é o ponto crucial para que se possa progredir em direção a um mundo mais equilibrado. O desequilíbrio das últimas décadas deve-se, por um lado, ao aumento irrestrito das despesas e do endividamento dos países centrais e, por outro, a uma postura nacional exportadora, conservadora, voltada para a acumulação de reservas externas, por parte dos países periféricos. A questão da credibilidade, que determina em última instância a assimetria a que estão submetidos os países emissores de moedas reserva e os demais, está na raiz dos dois tipos de comportamento.

A moeda moderna não tem lastro físico, é meramente fiduciária. Está baseada na credibilidade do emissor. Credibilidade que depende, primordialmente, da percepção de solidez econômico-financeira do emissor e de seu sentido de responsabilidade. Responsabilidade para não abusar do privilégio outorgado. Mas a questão da credibilidade não se esgota aí. A credibilidade da moeda está baseada na percepção de solidez de todo um arcabouço econômico, mas sobretudo político, jurídico e institucional, do emissor. Uma moeda não ganha o direito de ser uma moeda reserva, de ser utilizada para transações internacionais, sem a percepção da solidez econômica, política, jurídica e institucional de seu emissor. O dólar americano, por esses critérios, foi uma alternativa superior a qualquer outra, desde Bretton Woods. Compreende-se o retumbante fracasso da tentativa de transformar a moeda artificial do FMI, os Direitos Especiais de Saque, numa moeda mundial.

Nas últimas décadas, o tenaz e crescente desequilíbrio das contas externas americanas provocou desconfiança quanto à posição tão dominante do dólar como moeda de denominação das transações internacionais. A magnitude dos déficits em conta-corrente dos Estados Unidos, que teria sido suficiente para provocar o colapso de qualquer outra moeda, já havia criado um desconforto em relação ao dólar como a moeda reserva mundial. O aumento da aversão ao risco, com o eclodir da crise, demonstrou que ainda não havia alternativa. O dólar confirmou sua condição de refúgio e valorizou-se em relação a todas as moedas. É, entretanto, evidente o desconforto, a sensação de que este não é mais o porto seguro que um dia foi, mas sustentado apenas pelo hábito e pela falta de alternativas. O mal-estar em relação ao dólar agravou-se com a agressiva política adotada pelo Fed para evitar o colapso do sistema financeiro. Aos Estados Unidos pode ser interessante, para evitar a depressão, adotar uma política monetária heterodoxa agressiva e inundar o mercado de dólares, mas sua credibilidade como emissor de moeda reserva fica gravemente arranhada. A possibilidade de que, em algum momento à frente, o excesso de moeda e de dívida pública americana possa provocar inflação e brusca desvalorização do dólar é hoje uma preocupação que não pode ser descartada. Desde que não saiam do controle, tanto a inflação quanto a desvalorização do dólar interessam aos Estados Unidos. Auxiliariam na redução do valor real das dívidas e estimulariam a economia. Compreende-se assim que a China, o maior detentor de títulos de dívida pública americana, esteja desconfortável e proponha a criação de uma moeda reserva supranacional.

Embora inflação e desvalorização do dólar não pareçam ainda uma ameaça concreta num mundo à beira da deflação, não se deve subestimar seu impacto potencialmente desagregador, tanto sobre as relações comerciais e financeiras quanto políticas no mundo. A criação de uma verdadeira moeda reserva supranacional seria a forma de minimizar o impacto de uma eventual desvalorização do dólar e de reverter a assimetria que resultou no desequilíbrio macroeconômico das últimas décadas. Antes da moeda mundial, entretanto, será preciso criar um emissor supranacional com credibilidade. A globalização da economia e da cultura, fruto do progresso tecnológico, não parece um processo reversível sem um retrocesso do progresso da humanidade. Economia e cultura estão cada vez mais globalizadas, mas a política continua restrita aos limites geográficos dos Estados nacionais. Os grandes temas são hoje mundiais. A homogeneização institucional, a criação de uma grande jurisdição supranacional, é o único caminho possível para lidar com os desafios de um mundo globalizado e submetido a limites cada vez mais estreitos. Seria ingênuo imaginar que se avançará rapidamente na construção de novo arcabouço jurídico institucional supranacional. Sua necessidade já é evidente, mas o caminho é longo. A compreensão de que os desequilíbrios macroeconômicos que nos levaram à crise atual e que dificultam sua superação só poderão ser corrigidos num novo marco institucional global deve dar um sentido de urgência à agenda.

11
A crise e o desempenho do sistema financeiro[*]

Observações gerais

PARECE HAVER UM CONSENSO quanto à necessidade de adaptar a regulamentação do sistema financeiro para tentar evitar que os excessos da última década se repitam e voltem a provocar crises da magnitude da atual. O risco dessa unanimidade — e "toda unanimidade é burra" — é o de criar uma regulamentação para evitar o que já aconteceu. O combate à guerra passada — e perdida — não é apenas inócuo, mas também pernicioso.

A regulamentação que teria evitado os excessos que levaram à crise atual não é necessariamente a mais indicada, nem para o sistema financeiro em frangalhos de hoje nem para o sistema financeiro do futuro. A definição do bom sistema financeiro não se exaure na garantia de não vir a provocar crises. O papel do sistema financeiro é o de intermediar recursos entre poupa-

---

[*] Publicado em BACHA, Edmar L.; GOLFAJN, Ilan (orgs.). *Como reagir à crise*. Rio de Janeiro: Imago, 2009.

dores e investidores. É também fazê-lo da forma mais eficiente e flexível, para atender as necessidades dos poupadores e dos investidores quanto a prazos e risco, criando um sistema de preços o mais próximo possível do tipo ideal competitivo, para transmitir as informações e os estímulos adequados ao melhor funcionamento da economia.

Nunca é demais repetir: o mercado competitivo não é o resultado do *laissez-faire*, mas sim uma sofisticada e artificialíssima construção conceitual, que requer um arcabouço institucional e normativo concebido para aproximar a realidade desse tipo ideal.

Diante do desastre causado pelo excesso, é fácil esquecer os benefícios que levaram ao excesso. O sistema financeiro das últimas décadas, sofisticado, complexo e globalizado, foi peça fundamental para viabilizar o longo ciclo de expansão econômica mundial. O próprio fator que detonou a crise, os empréstimos hipotecários securitizados para tomadores que não se qualificariam como tomadores de empréstimos bancários tradicionais, foi inicialmente visto e estimulado como uma inovação progressista, que dava acesso à casa própria aos mais pobres e necessitados. As economias de países como os Estados Unidos, a Espanha, a Irlanda, o Reino Unido, entre outros, foram turbinadas por mais de uma década pelo dinamismo do setor imobiliário, alimentado pelo crédito barato e abundante. Os grandes negócios, as fusões e as aquisições, que criaram grandes empresas globais; os fundos de *private equities*, que introduziram uma concepção de gestão eficiente nas novas empresas com grande capacidade de crescimento ou nas velhas empresas esclerosadas; a onda de IPOS, que deu acesso a empresas emergentes ao mercado de ações; são consequências do desenvolvimento dos mercados financeiros das últimas décadas que foram recebidas

A CRISE E O DESEMPENHO DO SISTEMA FINANCEIRO

com entusiasmo por acelerarem o crescimento da renda e da riqueza mundial.

Um sistema financeiro eficiente é fundamental para o bom funcionamento da economia. É tão vital que sua desorganização, como ocorre neste momento, ameaça lançar toda a economia mundial numa recessão de grandes proporções. Para evitá-la, os governos e os bancos centrais viram-se na obrigação de iniciar uma ação coordenada, com medidas extraordinárias até pouco tempo inconcebíveis.

O Brasil, desta vez, é apenas vítima, ou talvez coadjuvante secundário, de uma crise internacional que tem seu epicentro nos Estados Unidos. Embora defasados em relação a países mais próximos do epicentro, os sinais da crise já se fizeram sentir de forma inequívoca. O sistema financeiro nacional, muito menos alavancado que o dos grandes centros mundiais, estava à primeira vista ao abrigo do vendaval que se formava. A partir da quebra do Lehman Brothers, o agravamento da crise não deixou mais dúvidas quanto ao seu impacto sobre a economia e o sistema financeiro brasileiro. É fundamental dedicar atenção ao desenho do sistema financeiro desejável para sair da crise e viabilizar a retomada da economia.

O desaparecimento do crédito comercial externo, o efeito aspirador que a iliquidez no sistema financeiro americano exerceu sobre o mundo todo, provocou abalos mais rápidos e profundos do que se poderia esperar no sistema financeiro brasileiro. Os bancos pequenos e médios, sem rede de agências e sem capilaridade na captação de depósitos, incapazes de se financiar, viram-se obrigados a vender suas carteiras de créditos, às pressas e desagiadas, para os grandes bancos. Apesar da ação do Banco Central, que reduziu repetidamente as exigências de compulsório, todo o sistema passou por momentos de iliquidez.

A CRISE FINANCEIRA DE 2008

A indústria de administração de fundos de investimentos, até o início de 2009, parecia ter atingido escala e maturidade suficientes para se tornar um ator relevante no cenário financeiro nacional. Contudo, a partir do início de 2009, amargou prejuízos pesados em todos os seus segmentos. As perdas foram observadas em todas as modalidades de fundos, não ficaram limitadas aos fundos de ações, mas atingiram também os chamados "hedge funds", que originalmente deveriam garantir retornos acima da renda — que era fixa, independente da direção dos mercados. Os resgates fizeram a indústria encolher de tal forma que sua viabilidade nos próximos anos pode estar comprometida.

Os bancos independentes sem agências, os chamados bancos de investimentos, que tiveram papel de destaque nas últimas duas décadas do século passado, já haviam desaparecido ou sido integralmente absorvidos pelos grandes bancos internacionais. Foram substituídos por butiques especializadas em fusões e aquisições, em aconselhamento na gestão patrimonial, e por gestoras de fundos de toda sorte.

A transição de um sistema financeiro tradicional, dominado pelo sistema bancário e o relacionamento direto com seus credores e devedores, para um sistema financeiro pulverizado e despersonalizado, baseado em transações de mercado, que já havia se consolidado nos países centrais, ainda estava em seus estágios iniciais no Brasil. Até o momento, o sistema financeiro parece encaminhar-se para a reversão desse processo e para uma concentração acelerada. Os pequenos e médios bancos, sem rede de captação direta, ficaram ao menos temporariamente inviabilizados, e serão absorvidos pelos grandes ou desaparecerão. Os grandes bancos aceleraram o processo de fusões e aquisições na busca não apenas de economias de escala, mas também de garantias de escala. No sistema bancário, ser grande custa menos e funciona como seguro.

A CRISE E O DESEMPENHO DO SISTEMA FINANCEIRO

O processo de concentração não é apenas visto de forma benevolente, mas também é estimulado como a única forma de impedir novas quebras. Em tempos menos conturbados, a absorção de bancos problemáticos por instituições saudáveis é um caminho conhecido e recomendado para evitar quebras no sistema financeiro e reduzir seus custos. Nas condições de uma crise sistêmica, como a atual, a prática é discutível. Como já ficou evidente com os bancos internacionais que foram obrigados a ser resgatados pelos cofres públicos, tamanho não é garantia de invulnerabilidade.

Nos países centrais, a administração da crise no sistema financeiro, até outubro de 2009, foi caracterizada pelo evidente atraso das autoridades em relação aos fatos. Surpreendentemente despreparadas para os acontecimentos que se delineavam no horizonte, as autoridades — principalmente nos Estados Unidos — estiveram sempre apagando incêndios para os quais não tinham se preparado.

No Brasil, aos primeiros sinais da turbulência, a reação das autoridades parece ter sido a de ver na crise a oportunidade de aumentar o tamanho e o papel dos bancos públicos no sistema financeiro. Se a concentração de bancos privados é questionável, a experiência das últimas décadas com os bancos públicos não deixa dúvida: foi um repetido desastre. Deixe-se de lado a questão dos bancos de fomento como o BNDES, cujo papel é mais complexo e mereceria uma análise específica. Todos os bancos públicos estaduais e federais — inclusive o Banco do Brasil, que teve de ser recapitalizado pelo Tesouro para suprir insuficiência patrimonial ainda na última década do século passado — têm história de uso político e de gestão irresponsável. Não parece razoável estimular a reversão do processo de redução dos bancos públicos como parte do projeto do sistema financeiro que se deseja para o futuro.

Como estamos relativamente defasados na crise em relação aos países centrais, ainda há como estabelecer uma política ao mesmo tempo preventiva do agravamento da crise e delineadora do arcabouço desejável para o sistema financeiro do pós-crise.

Observações conceituais prévias a uma tentativa de sugestões

A crise atual é mais grave, mais complexa e, provavelmente, mais duradoura que todas as crises desde o pós-guerra. Seu elemento detonador foi o fim do ciclo especulativo imobiliário nos Estados Unidos, mas suas raízes são mais profundas e suas implicações, mais abrangentes. A bolha imobiliária americana foi apenas um — e não necessariamente o mais agudo — dos aspectos da exaustão de um longo ciclo mundial de expansão de crédito. Todo ciclo expansivo de crédito, se deixado livre para correr seu curso, termina num boom de conotações especulativas, que leva o preço de ativos a níveis insustentáveis.

A questão crucial por trás dos excessos de um ciclo expansivo de crédito é a alavancagem. Embora todos os agentes econômicos possam se alavancar, e quase todos sempre o façam para uma melhor condução de seus negócios, a alavancagem está na essência da atividade das instituições financeiras. A transformação de prazos de maturidade, através do descasamento entre os prazos dos ativos e dos passivos, assim como a capacidade de dar maior liquidez aos ativos, embora não essenciais à atividade de intermediação financeira, são serviços fundamentais ao funcionamento eficiente da economia. Alavancagem e descasamentos são fatores constitutivos da intermediação financeira, sem os quais a economia seria significativamente menos eficiente. É importante não perder de vista esse fato, quando formos defrontados com as consequências dos excessos.

Todo boom de crédito e toda bolha especulativa de ativos são em última instância resultado do excesso de alavancagem, pois sem alavancagem não há, por definição, bolhas especulativas.

O excesso de alavancagem está sempre associado a uma elevação do grau de descasamento, pois novos e cada vez mais sofisticados descasamentos são maneiras de viabilizar maior alavancagem. Os descasamentos, por sua vez, só se transformam num problema sistêmico quando a alavancagem tornou-se excessiva.

Num sistema financeiro sofisticado, onde há uma infinidade de contratos contingentes e de derivativos — formas cada vez mais complexas de alavancagens implícitas, que não têm contrapartida explícita de uma concessão de crédito —, a própria mensuração do grau de alavancagem não é trivial. Existe alavancagem sempre que alguém está exposto à variação do valor de um ativo ao longo de um determinado período, sem ter desembolsado o valor integral do ativo no início do período. O grau e o impacto potencial da alavancagem, assim definida, só podem ser compreendidos e avaliados mediante a análise de variabilidade dos ativos e da estrutura do passivo do agente.

Os processos econômicos têm uma natureza cumulativa e autoalimentada. Os ciclos de expansão tendem a ser graduais, permitem a identificação de tendências e reduzem a volatilidade dos preços. São elementos que induzem à busca de maior grau de alavancagem. O próprio processo de elevação do grau de alavancagem é acompanhado por uma maior capacidade de transformação dos prazos de maturidade, que aumenta a liquidez dos ativos e distorce a percepção de risco a favor da maior alavancagem. Uma vez exaurido o ciclo de expansão, a reversão é brusca e turbulenta.

A teoria macroeconômica das últimas três décadas, em todas as suas vertentes, dedicou-se quase exclusivamente à repetição exaustiva de variantes do exercício de partir do suposto de mercados contingentes completos e examinar as implicações de algum tipo de distorção exogenamente imposta. Nas versões de livro-texto dos modernos modelos macroeconômicos estocásticos de equilíbrio geral não existem problemas de liquidez — estes são tratados como uma possível "distorção" em textos especializados. Com mercados completos, em equilíbrio, os agentes respeitam suas restrições orçamentárias intertemporais. Não há, portanto, fora de uma distribuição estocástica de riscos conhecida, possibilidade de inadimplência. Os riscos de alavancagem têm uma distribuição estacionária conhecida e, consequentemente, não faz sentido falar em alavancagem excessiva. A hipótese de que toda incerteza pode ser tratada como parte de um processo aleatório cuja função de distribuição é conhecida e estacionária é não apenas inapropriada para lidar com as crises sistêmicas, como também provavelmente, ao menos em parte, é responsável por elas, ao conferir um falso sentimento de controle sobre as incertezas.

Tentativa de sugestões

Na crise: a prática deixou claro que os custos de deixar quebrar qualquer instituição sistemicamente relevante são excessivos. Os riscos de *moral hazard* são dominados pelo risco de colapso sistêmico. Sistemicamente relevante é toda instituição cuja interconexão financeira seja alta, ainda que não seja formalmente um banco ou até mesmo uma instituição financeira regulada.

Durante a crise, o Banco Central deve garantir toda a liquidez necessária através de todas as formas exigidas. Em casos extremos, como o atual nos Estados Unidos, o Banco Central deve suprir liquidez diretamente onde ela se fizer necessária, sem a intermediação momentaneamente bloqueada do sistema financeiro. Quanto mais avançada estiver a transição de um sistema financeiro de relacionamento bancário para o sistema de transações de mercado, mais importante é que o Banco Central, além de exercer seu papel clássico de emprestador de última instância, atue também como *market maker* de última instância.

Se necessário para evitar o colapso, o Tesouro deve capitalizar o sistema financeiro e comprar ativos para reduzir a alavancagem. Deve fazê-lo de forma que minimize os custos fiscais e respeite os argumentos de *moral hazard*. Para isso é preciso que os acionistas e os credores das instituições que tiverem acesso aos recursos sejam tratados de forma claramente subordinada aos recursos do Tesouro.

A participação de recursos públicos no sistema financeiro deve ser entendida como uma medida de emergência, de caráter excepcional e, portanto, a ser revertida no menor prazo possível. No caso brasileiro em particular, não deve servir de escudo para a reversão do processo de saneamento e encolhimento da desastrada experiência dos bancos públicos.

Para evitar crises: todo tipo de instituição financeira, não apenas bancos, e independente da forma como se organizem e se denominem, deve estar submetida a um limite de alavancagem consolidada. Os atuais critérios da Basileia são anacrônicos. A definição de alavancagem deve ser mais sofisticada e abrangente para incluir contratos contingentes, derivativos e garantias concedidas.

O limite de alavancagem pode ser eventualmente utilizado

como medida de política contracíclica, especialmente diante de evidências de formação de bolhas especulativas.

Tamanho não é necessariamente positivo. Instituições financeiras podem se tornar excessivamente grandes. O ganho com economias de escala, principalmente na atividade de banco de varejo com rede de agências, deve ser contraposto à perda de flexibilidade e de transparência, à complexidade dos controles gerenciais e contábeis e à diluição e à despersonalização do controle acionário. Instituições financeiras muito grandes — ficou demonstrado — não estão ao abrigo das crises de confiança: podem cometer excessos como todas, nas crises transformam o Tesouro em refém e podem provocar quebras nacionais, como foi o caso da Islândia.

A regulamentação deve ser simples e não pode se transformar em barreira à entrada ao sistema financeiro.

Transparência é fundamental para garantir a competitividade e reduzir os riscos. Contratos contingentes e de derivativos que tenham atingido um volume expressivo, como o caso das opções cambiais e dos Credit Default Swaps, devem ser padronizados e transacionados em bolsas de valores.

Os serviços de liquidação e custódia são cruciais para o bom funcionamento do sistema e sua preservação nas crises é fundamental para impedir sua propagação. A experiência brasileira com alta inflação e repetidas crises levou a um arranjo institucional superior com a criação das centrais de liquidação e custódia como o Selic e o Cetip. Reforçar e expandir o papel dessas centrais, diminuindo o das instituições financeiras individuais na prestação de serviços de liquidação e custódia, é um passo importante para o controle de crises.

O Brasil ainda é um país onde há restrição de crédito. Décadas de inflação crônica garantiram a virtual inexistência de crédito interno de longo prazo. Só nos últimos anos é que começaram a surgir financiamentos de mais longo prazo ao consumo de bens duráveis e o crédito imobiliário, fora do Sistema Financeiro da Habitação. A securitização de recebíveis é ainda incipiente. A transição do sistema financeiro baseado no relacionamento bancário para o sistema despersonalizado de transações de mercado ainda está em seus estágios preliminares. Essa transição, apesar dos riscos dos excessos ilustrados de forma dramática pela crise atual nos países centrais, é positiva. Reduzir o grau de restrição do crédito é vital para que o Brasil consiga sustentar maiores taxas de crescimento e de emprego. É preciso levar esses fatos em consideração para não impedir o necessário desenvolvimento do mercado de crédito no Brasil, tendo como argumento os excessos cometidos nos países desenvolvidos.

12
O euro e o futuro[*]

A RESSACA DA CRISE DE 2008 ameaça o euro e até mesmo a União Europeia. A afirmação tomou força a partir do início deste ano, com o agravamento da crise fiscal da Grécia. Não concordo. Deixo, desde logo, claro: considero a União Europeia a mais importante inovação político-institucional do século XX. Assim como o mundo se organizou em Estados nacionais a partir do fim da Idade Média, o mundo de hoje, inexoravelmente interdependente e interconectado, levará aos Estados supranacionais. O Estado nacional é, atualmente, um anacronismo. A tese é polêmica, eu sei. Para não perder o leitor logo na partida, deixo-a de lado, por enquanto, e retomo a questão da sobrevivência do euro.

O ceticismo em relação ao euro não é novidade. Desde seus primórdios, a ideia de uma moeda única europeia foi recebida com desconfiança e sua viabilidade, questionada. Há onze

---

[*] Publicado em *Época Negócios*, mar. 2010, sob o título "O futuro do euro".

anos, quando a moeda passou finalmente a circular, sua desvalorização em relação ao dólar americano foi vista como evidência de sua falta de credibilidade. A partir de 2003, diante dos enormes déficits externos americanos e de uma política monetária excessivamente acomodadora nos Estados Unidos, o euro reverteu a desvalorização de seus primeiros anos. Passou a valorizar-se de forma significativa em relação ao dólar. Contudo, o ceticismo não diminuiu, apenas reformulou seus argumentos. Já não era mais a desvalorização que demonstrava a falta de confiança numa moeda emitida por um Banco Central supranacional, sem bases políticas sólidas. Agora era a sobrevalorização, provocada por um Banco Central excessivamente conservador, que iria terminar de erodir a competitividade da Europa e inviabilizar a união monetária.

Esta continua a ser a base do argumento dos eurocéticos. Adquiriu, entretanto, novos contornos diante dos estragos da grande crise de 2008. O ponto hoje é que os chamados elos mais fracos da União Europeia, países como Grécia, Portugal e Irlanda, dentro da camisa de força da moeda única, enfrentam perda de competitividade e dificuldades fiscais insolúveis. No momento, os holofotes estão voltados para a Grécia. Com uma dívida pública superior a 110% do PIB e o déficit público perto de 12% do PIB, a Grécia enfrenta sérias dificuldades na rolagem de sua dívida. Os juros exigidos pelos investidores distanciaram-se dos juros pagos pelos países centrais da União Europeia. Os spreads da dívida grega sobre a dívida alemã, que é a referência, chegaram a mais de seis pontos percentuais. A Grécia corre o risco de ser obrigada a declarar uma moratória.

Países fiscalmente irresponsáveis, excessivamente endividados, não chegam a ser novidade. Por que então o novo drama grego? A razão é simples: a saída mais fácil para a irresponsabilidade fiscal e o endividamento público excessivo é a desvalorização cambial e a inflação. Essa é também a saída para a perda de competitividade, que vem a ser prima de primeiro grau da irresponsabilidade fiscal. De forma esquemática, a perda de competitividade se dá pelo aumento dos custos domésticos, que decorrem diretamente da demagogia salarial e indiretamente do excesso de demanda, provocado pela irresponsabilidade fiscal. Ao adotar a moeda única e delegar a condução da política monetária para um banco central supranacional, perde-se tanto a capacidade de desvalorizar quanto a possibilidade de reduzir os salários e a dívida pública através da inflação. O que a demagogia faz não pode mais ser desfeito pela desvalorização e pela inflação.

Para os membros da união monetária europeia, a dívida pública interna é como uma dívida externa: denominada numa moeda que eles não podem unilateralmente emitir. A alternativa de monetizar a dívida não existe. Se confirmada a impossibilidade de refinanciá-la no mercado, só restam três possibilidades: a moratória desorganizada, apelar para o FMI ou o refinanciamento pela União Europeia.

A moratória desorganizada tornaria insustentável a situação dos demais países europeus que têm alto endividamento e grandes desequilíbrios fiscais. Não apenas Portugal e Irlanda, mas também Espanha e Itália. O efeito dominó e o pânico poderiam ter consequências ainda mais graves que a da quebra do Lehman Brothers, com repercussões muito além das fronteiras da União Europeia. Impensável.

Apelar para o FMI seria a opção natural, pois prover empréstimos de última instância para os países membros, com dificuldade de financiar suas dívidas soberanas, está entre as razões de ser do Fundo. Mas seria visto como uma fragorosa derrota da União Europeia. Daria forte munição para seus opositores. Não parece aceitável e, portanto, é pouco provável.

Só resta o caminho do refinanciamento pela própria União Europeia. Como este não é um mecanismo previsto por Maastricht, em seu "pacto de estabilidade e crescimento", formulado em tempos menos tumultuados, algum novo mecanismo deverá ser criado. As discussões, até mesmo sobre a criação de um Fundo Internacional Europeu, já estão em curso. Não são discussões fáceis nem passíveis de soluções rápidas. Até porque não convém passar a mensagem de que o mau comportamento compensa, a solução para a crise da dívida grega pode demorar. Perto do ponto de ruptura, entretanto, a solução europeia, ainda que temporária, virá.

A União Europeia deverá passar por um teste de maturidade. Se for capaz de superar os desafios dos desequilíbrios fiscais, agravados pela grande crise de 2008, sairá fortalecida. Caso contrário, nem a União Europeia nem o euro estarão ameaçados, como pretendem seus críticos, mas o caminho para um verdadeiro Estado supranacional será mais longo.

Muito bem, dirão os críticos, as dificuldades seriam menores, especialmente para os países periféricos, se não tivessem aderido à União Europeia e, sobretudo, se não tivessem adotado a moeda única. Bastaria então recorrer aos tradicionais mecanismos de desvalorização da moeda e monetização da dívida. Esquecem-se das vantagens auferidas quando se tornaram parte da União Europeia e adotaram o euro. Num mundo interligado e financeiramente volátil, não fazer parte do clube dos que têm uma moeda reserva impõe sérias restrições. Esquecem-se de que, no auge da crise, estiveram protegidos de ataques especulativos pelo escudo da União Europeia. Desconsideram as ajudas financeiras para a modernização de suas economias, o livre acesso ao mercado europeu, o financiamento a taxas significativamente mais baixas e o livre acesso de seus cidadãos ao mercado de trabalho europeu. Vantagens que lhes permitiram, com maior êxito no caso da Espanha e da Irlanda, e menor êxito no caso de Portugal e da Grécia, reduzir a distância que os separava dos países centrais da Europa.

Esquecem-se, sobretudo, das graves implicações inflacionárias da opção pela desvalorização cambial e pela monetização da dívida. São formas aparentemente menos penosas de realizar o ajuste fiscal e de recuperar a competitividade. Desvalorização e inflação são formas indiretas de reduzir salários. Talvez tenham menor custo político imediato. As repercussões negativas sobre a poupança, o investimento, o custo de financiamento e a taxa de crescimento, entretanto, são duradouras. Como a memória dos agentes econômicos é longa e a tentação demagógica, grande, é provável que uma nova crise venha a ocorrer bem antes que as repercussões negativas tenham deixado de exercer seu efeito nocivo sobre a economia.

Abandonar o euro não é uma alternativa. Uma vez adotada uma moeda de referência forte, a tentativa de regressar a uma moeda fraca não tem credibilidade. Seria puramente inflacionária. Ninguém em sã consciência defendeu que a Califórnia teria melhores condições de superar sua crise se abandonasse o dólar e adotasse uma moeda própria. O governo de Maastricht não tem poder de criar impostos, é verdade, mas tenho a impressão de que isso é uma vantagem para os europeus.

Há quem afirme que a união monetária não é viável sem integração fiscal. Discordo. Política monetária comum exige coordenação fiscal, mas não necessariamente integração. A União Europeia sempre soube disso. Daí o limite de 3% do PIB para o déficit público como regra. Uma regra tosca, é verdade, por não dar margem ao uso anticíclico da política fiscal, mas que pode e deverá ser aprimorada. Daí à necessidade da completa integração fiscal, para viabilizar a união monetária, vai uma enorme distância.

Retomo a questão do anacronismo do Estado-nação. A tecnologia reduziu distâncias, eliminou fronteiras e integrou o mundo. O processo é irreversível. Não é preciso muita reflexão para concluir que vivemos num mundo cada dia mais interligado e interdependente. Estamos todos, definitivamente, no mesmo barco. Ou os problemas são resolvidos para todos ou, simplesmente, não são resolvidos. Conviver de forma globalmente equânime e civilizada deixou de ser desejável para se tornar imperativo. Apesar de ser um animal social, o homem é fruto de um ambiente onde havia um "lá fora", nós e eles. O instinto tribal ainda é forte. Para compatibilizar o mundo integrado com o desejo de estar entre seus semelhantes, a saída é dar liberdade de governo para as comunidades regionais, integradas no guarda-chuva da jurisdição suprarregional. Digo suprarregional, e não supranacional, porque não vejo mais razão para a insistência na definição de nacionalidades. Não há justificativa racional para sustentar que regiões como a Catalunha e a Galícia, para dar apenas os exemplos mais candentes, não possam ser independentes. As identidades regionais existem, muito provavelmente nunca deixarão de existir, mas não há por que obrigá-las a se encaixar na camisa de força — aqui a expressão cabe — das fronteiras nacionais.

Sempre me intrigou a incoerência entre a defesa da livre movimentação de capital e a, aparentemente inquestionável, aceitação das restrições à imigração. O livre-comércio — o teorema de Stolper-Samuelson ensina — se encarregaria de equalizar a remuneração dos fatores, sem necessidade de abrir a caixa de Pandora da livre imigração. Não basta. O respeito ao direito de ir e vir, a liberdade de escolher onde viver e trabalhar me parecem valores fundamentais. Países deveriam ser como clubes abertos aos que aceitassem as regras do jogo. A União Europeia é o protótipo do futuro mundo civilizado. Sua capacidade de superar as dificuldades naturais de um experimento dessa envergadura interessa a todos.

13
Os novos limites
do possível*

A CRISE FINANCEIRA MUNDIAL vai completar quatro anos, mas ainda não dá sinais de que esteja próxima do fim. Pelo contrário, parece não haver economia no mundo, das mais pobres às mais avançadas, que esteja imune ao seu agravamento. O paralelo com a Grande Depressão do século XX é cada vez mais frequente entre os analistas. Acreditava-se que o antídoto para crises dessas proporções havia sido descoberto, mas no mundo de hoje existem novas restrições que podem inviabilizar as saídas conhecidas.

A analogia assusta não apenas pela duração e pela profundidade da depressão, mas sobretudo pelas consequências. A crise de 1930 encerrou um período de internacionalização e de prosperidade mundial. Exacerbou o nacionalismo, o protecionismo e a xenofobia que levou ao fascismo, ao nacional-socialismo nazista e, finalmente, às tensões que desembocaram na Segunda Guerra Mundial.

---

* Publicado no *Valor Econômico*, 20 jan. 2012.

Assim como no início dos anos 1930, com o fim da Primeira Guerra, a exaustão de um longo ciclo de prosperidade deixou um legado de endividamento público e privado de difícil digestão. Como nos anos 1930, temos hoje o esgotamento do padrão monetário estabelecido e uma potência hegemônica em crise, prestes a ser superada por uma nova estrela econômica e militar.

Ainda nos anos 1930, John Maynard Keynes estabeleceu as bases conceituais de um fecundo debate sobre as causas, as consequências e as políticas necessárias para evitar a repetição de uma experiência tão traumática. Mais surpreendente ainda que as semelhanças objetivas é constatar que o debate hoje continua pautado pela mesma polarização dos anos 1930: de um lado, o fiscalismo e a ortodoxia monetária; do outro, a defesa da retomada do crescimento, através dos gastos públicos e de novos estímulos ao consumo.

Em *Lords of Finance* [Os senhores das finanças], publicado em 2009, Liaquat Ahamed retoma as circunstâncias, as personagens e as ideias do tumultuado período entre as duas Grandes Guerras do século XX. A partir de um cuidadoso trabalho de pesquisa, com acesso aos arquivos privados de quatro personagens cruciais, os presidentes dos Bancos Centrais da Inglaterra, dos Estados Unidos, da França e da Alemanha, Ahamed mantém o leitor fascinado com o desenrolar de uma crise que pautou o século XX dali em diante. Não há como escapar à sensação de calafrios com as similaridades deste início de século.

Recomendo enfaticamente o livro de Ahamed, mas, apesar das semelhanças, o mundo de hoje é outro. Para compreender, avaliar alternativas e traçar políticas, a história é fundamental, mas não se pode desconsiderar a especificidade das circunstâncias. Tenho a impressão de que, nas condições de hoje, o remédio keynesiano deixou de fazer sentido.

Sabemos que esta crise é decorrente do estouro da bolha de preços de ativos, principalmente dos imóveis, provocada pelo excesso de endividamento. Bolhas são altas de preços induzidas pela disponibilidade de crédito. A partir de certo ponto, perdem relação com os fundamentos e passam a ser alimentadas exclusivamente pela expectativa de renovada alta dos preços. Embora devesse ser evidente que são insustentáveis, nunca faltam explicações dizendo por que desta vez é diferente. Bolhas são boas enquanto duram. Todos ganham, até o choque com a realidade. Os fundamentos da psicologia de manada, que levam os mercados a se afastar da racionalidade, são bem conhecidos, mas sistematicamente esquecidos a cada nova bolha. Não é difícil compreender a dificuldade enfrentada pelos que se aventuram a questioná-las. Nada mais desagradável que profetas do apocalipse a proclamar que o fim do mundo está próximo, enquanto todos ganham.

Em plena crise, logo depois do estouro da bolha, uma charge americana dizia: país viciado em bolhas busca desesperadamente uma nova bolha para investir. Cômico, porque profundamente verdadeiro. As economias modernas, desde a Revolução Industrial, estão organizadas para crescer e produzir mais. Quando não crescem é porque algo está errado. Para que a produção cresça é preciso que a demanda também cresça. A insuficiência de demanda, o risco de que a falta de demanda interrompa o crescimento, é a ameaça subjacente, sempre presente nas modernas economias de mercado.

A alavancagem excessiva, o abuso do crédito, é provavelmente a forma mais evidente de turbinar a demanda. Quase todas as políticas teoricamente questionáveis, mas que resistem, no tempo e em toda parte, ao ataque da racionalidade, podem ser entendidas como tentativas veladas de estimular a demanda. O viés mercantilista exportador, a defesa tarifária do mercado interno, subsídios às exportações, por exemplo, também são modos de sustentação artificial da demanda.

Ao demonstrar que o gasto público, mesmo quando contratado para abrir e fechar buracos, serviria como motor de arranque para a economia devastada pela recessão, o talento de Keynes encontrou a fórmula para a retomada do crescimento. O gasto público como forma de sustentar a demanda foi a peça-chave da macroeconomia keynesiana, quase hegemônica, desde o término da Segunda Guerra Mundial até o fim dos anos 1960. Infelizmente, serviu também para justificar a insaciável vontade de gastar dos governos, ainda que nos momentos mais inoportunos. Nos Estados Unidos, os limites da sustentação artificial da demanda através do gasto público apareceram com o surto inflacionário do início dos anos 1970. Nos países menos afeitos à disciplina fiscal, como os da América Latina, mais propensos a juntar a fome — da demagogia — com a vontade de comer — do keynesianismo —, as consequências inflacionárias surgiram mais cedo, desde meados dos anos 1950.

O contraponto teórico ao keynesianismo simplório do pós--guerra surgiu do debate acadêmico suscitado pela ameaça da inflação, nos anos 1970 e 1980. A chamada síntese da curva de Phillips expandida, na qual o efeito das expectativas de inflação foi incorporado, demonstrava os limites dos gastos públicos como estimuladores da demanda e indutores do crescimento e do emprego. Além da lição keynesiana, do estímulo à demanda para sustentar o crescimento, a formulação de políticas macroeconômicas incorporou a lição monetarista, o uso da taxa de juros para conter os excessos inflacionários. O resultado foi tão positivo que levou à impressão de que nada mais havia a ser entendido em termos de macroeconomia. Tinha-se chegado à síntese teórica, que abrira o caminho para a "Grande

Moderação", uma nova era sem recessão nem inflação. Nada mais havia a ser compreendido em termos de condução macroeconômica. Até mesmo o estudo da macroeconomia chegou a ser considerado ultrapassado.

Em linhas gerais, a crise de 2008 está agora em sua quarta fase. Primeiro houve o estouro da bolha de preços dos ativos, principalmente — mas não de forma exclusiva — dos imóveis. Na segunda fase, a mais aguda, o sistema financeiro quebrou. Na terceira fase, para evitar o colapso do sistema financeiro, os governos intervieram e assumiram grande parte das dívidas privadas. Agora, na quarta fase, depois de assumir o excesso de dívida privada, os governos estão eles próprios excessivamente endividados.

Até a terceira fase, o processo foi mais ou menos equivalente em todas as economias avançadas. A maneira como as dívidas privadas foram transferidas para o setor público foi, entretanto, diferente nos Estados Unidos e na União Europeia. Enquanto nos Estados Unidos uma parte significativa das dívidas privadas passou para o Fed, na Europa a ortodoxia do Banco Central Europeu (BCE) exigiu que a dívida privada fosse assumida diretamente pelos governos. O trauma da Alemanha, com a hiperinflação pela qual passou nos anos 1930, engessou o mandato do BCE, até hoje sem autorização para inchar seu ativo com o excesso de dívida privada. Já o Fed, dirigido por um macroeconomista estudioso dos anos 1930, foi agressivo em sua disposição de assumir as dívidas privadas problemáticas.

Há efetivamente uma diferença filosófica, mas a reação audaciosa do Fed seria muito mais perigosa, não fossem os Estados Unidos os emissores da moeda reserva mundial. A transferência de dívidas privadas diretamente para o governo eleva a dívida pública. Se parte dessa transferência pode ser feita para o balanço do Banco Central, há uma monetização, sem contrapartida imediata na dívida pública. A dívida privada que vai para o balanço do Banco Central é monetizada. O espaço para monetizar dívidas, sem pressões inflacionárias imediatas, é muito maior para o emissor da moeda reserva mundial.

As implicações, como era de se esperar, foram distintas. Nos Estados Unidos, a dívida pública aumentou, mas por enquanto a grande preocupação é com o risco de que o excesso de emissão de moeda possa vir a provocar a perda de confiança no dólar. Enquanto a economia americana continuar com excesso de capacidade, a inflação não deverá reaparecer. O risco de uma brusca desvalorização do dólar, pela perda de confiança internacional, poderia ser grande, não fosse a absoluta falta de alternativas. Ao menos a curto prazo, não há substituto à vista. O principal candidato, o euro, sofre as consequências da inoportuna ortodoxia do bce.

Em princípio, o fato de o bce estar impedido de monetizar parte da dívida privada transferida para o setor público deveria fortalecer o euro. O resultado, entretanto, foi o inverso. A ortodoxia do bce levou o endividamento público em vários países a níveis percebidos como insustentáveis. É verdade que nos periféricos, principalmente Grécia e Portugal, a situação já era insustentável. A crise só explicitou o problema. O endividamento público dos países europeus, agora até mesmo nos países centrais — como a Itália e a França —, atingiu níveis em que seu financiamento se torna problemático.

Por enquanto, a União Europeia como um todo continua com um nível tolerável de dívida consolidada. A solução de um orçamento fiscal europeu, supranacional, encontra forte resistência política, principalmente por parte da Alemanha. A consolidação fiscal, através da criação de uma federação europeia, deveria ter acompanhado, desde o início, a união monetária. Foram justamente as resistências a essa consolidação fiscal que levaram à decisão precipitada de adotar a moeda única, na esperança de que seu sucesso criasse as condições políticas para viabilizá-la. Hoje, até mesmo a união monetária está em cheque.

Enquanto a Europa corre o risco de se desintegrar, a economia americana continua praticamente estagnada, apesar de alguns recentes sinais positivos. Uma recessão de grandes proporções, equivalente à dos anos 1930, foi evitada, mas o crescimento não voltou e o desemprego continua alto. Apesar da agressiva monetização do Fed, a dívida pública também se aproxima do limite tolerável. De toda forma, nos Estados Unidos a atuação do Fed permitiu que se ganhasse tempo. O tempo sempre foi um precioso aliado em economia.

Só existem três formas de eliminar o excesso de endividamento. A primeira é uma recessão suficientemente profunda para quebrar devedores e credores e zerar a pedra. Foi o que ocorreu nos anos 1930. Os custos, como aprendemos, são inaceitáveis. A segunda é a monetização das dívidas. Ganha-se tempo enquanto a inflação reduz o valor real das dívidas, mas há risco de perda de controle. Como no caso da Alemanha dos anos 1930, o resultado pode ser uma hiperinflação, ainda mais devastadora que a pior das recessões. A terceira é a retomada do crescimento.

Como depressão e inflação têm custos inaceitáveis, só a retomada do crescimento é a solução, pois reduz o tamanho relativo das dívidas. O crescimento é o único remédio, mas diante do endividamento excessivo, como ensinou Keynes, a retomada do crescimento depende do estímulo artificial à demanda, mediante o aumento do gasto e do endividamento público. Nada mais revelador do círculo vicioso de nossa condição que a imagem do viciado em busca de uma nova bolha para investir.

É bem possível que hoje, oitenta anos depois, o remédio keynesiano não possa mais ser aplicado. Neste início de século XXI, a insistência na saída keynesiana da retomada do crescimento pode ser uma ortodoxia anacrônica, assim como era a defesa do padrão-ouro no início do século XX.

Para compreender por quê, *The Great Disruption* [A grande quebra], livro de Paul Gilding que acaba de ser publicado, é leitura obrigatória. Gilding é hoje professor do Programa para a Sustentabilidade da Universidade de Cambridge, na Inglaterra. Tem um longo histórico, a vida toda dedicada ao tema. Foi chefe do Greenpeace Internacional, empresário de sucesso e consultor tanto de pequenas comunidades como de grandes empresas internacionais. Seu ponto de partida é o fato de que já passamos dos limites físicos de nosso planeta.

Peço uma trégua na impaciência dos que são imediatamente tomados de um misto de tédio e irritação ao pressentirem a possibilidade de se defrontar com mais uma cantilena sobre a defesa do meio ambiente. Certo, ouço-os dizer, estamos convictos da importância da questão ecológica, mas diante de uma crise que ameaça transformar-se numa depressão mundial não é hora de falar de sustentabilidade. Grave engano. Se o remédio do crescimento não estiver mais disponível, é imperativo abrir novos horizontes.

Gilding argumenta que passamos do limite físico do planeta. As evidências são hoje um consenso na comunidade científica. Apesar da vida de ativista, Gilding é a antítese do radical rancoroso. Seu livro faz a melhor exposição organizada, inteligente e ponderada da evolução das pesquisas, da consciência ecológica e do estágio a que chegamos. Qualidades que em nada aliviam o impacto depressivo do tema. Gilding é, contudo, surpreendentemente otimista na capacidade de adaptação e de superação da humanidade. Não antes de enfrentar uma crise sem precedentes.

Em 2005, num seminário para empresários e executivos na Universidade de Cambridge, Gilding fez uma tentativa de descrever como seria essa crise. Argumentou que os limites ecológicos terão, antes de mais nada, um impacto profundamente desorganizador na economia. A reação e o grau de engajamento da plateia na discussão foi completamente diferente. Enquanto o argumento é sobre a arrogância humana, seu desrespeito pela natureza, a destruição do sistema ecológico e até mesmo o possível fim da humanidade como a conhecemos, a plateia comove-se, mas vai para casa sem que nada mude. É deprimente, distante e aparentemente não há nada que se possa fazer. Melhor esquecer. Mas, se antes de desaparecermos todos, ou quase todos, da face da Terra, tivermos de enfrentar décadas de uma crise econômica de grandes proporções, aí a coisa muda. A ameaça torna-se concreta.

A tese de Gilding é de que a economia mundial será obrigada a parar de crescer. Como não houve uma transição antecipada, como não nos preparamos para uma economia estacionária, seremos obrigados a enfrentar uma parada brusca, profundamente traumática. O momento da tomada de consciência do fim do crescimento e da necessidade de uma profunda reorganização da economia não está longe. Questão de no máximo mais uma década. Como é sempre o caso com previsões, é mais fácil acertar a direção que o momento no tempo. Gilding tem consciência disso e não pretende ser preciso no timing.

Gilding passou a trabalhar em simulações desta parada brusca da economia mundial com um colega da Universidade de Cambridge. Jorgen Randers fazia seu doutorado no MIT, no início dos anos 1970, quando participou do trabalho pioneiro "The Limits to Growth" [Os limites do crescimento], estudo encomendado por um grupo de notáveis, reunidos no chamado Clube de Roma. O relatório foi duramente criticado. À época, dois brasileiros, membros do Clube de Roma, Hélio Jaguaribe e Israel Klabin, chamaram minha atenção para o relatório. Como estudante de economia, considerei-o um trabalho típico de engenheiros, em que faltavam preços. Sem preços, qualquer simulação de longo prazo é explosiva. É o sistema de preços que age como sinalizador das decisões e influencia as opções de tecnologias, de investimentos, de oferta e de demanda, para garantir o equilíbrio sistêmico.

Uma avaliação feita em 2008 por Graham Turner, "A Comparison of the Limits to Growth with Thirty Years of Reality" [Uma comparação entre os limites do crescimento com trinta anos de realidade], mostra que suas conclusões foram, não apenas conceitual, mas também quantitativamente, impressionantemente precisas. A supressão dos preços não fez diferença, pois o uso do ecossistema não é precificável sem o arcabouço institucional adequado. Trata-se de mais um caso de "falha de mercados". Apenas mais dramático. O caso dos "bens públicos" — bens para os quais não há custo para o consumo individual, mas há um custo coletivo — é o exemplo clássico da falha de mercados.

Diante da falha do sistema de preços e da incapacidade de tomarmos medidas preventivas, chegamos ao limite sistêmico. As múltiplas dimensões desse limite estão todas interligadas. Ao romper uma delas, o processo se acelera e aumenta a probabilidade de que outras também venham a ser rompidas. Atingimos o limite físico do planeta. Para evitar uma catástrofe de grandes proporções, seremos obrigados a tomar medidas de emergência, extremamente duras, como o estabelecimento de cotas. Quando o sistema de preços falha, alguma forma

OS NOVOS LIMITES DO POSSÍVEL

de racionamento se torna imperativa. Seremos obrigados a reconhecer o que, apesar das evidências, nos recusamos a ver: não há como viabilizar 7 bilhões de pessoas, com o padrão de consumo e as aspirações do mundo contemporâneo, nos limites físicos da Terra.

O período de transição será longo, duro e conturbado. A reorganização da economia será compulsória e profunda. Indústrias inteiras vão desaparecer. As de carvão, petróleo e gás, muito antes do fim das reservas conhecidas, serão as primeiras. A Idade da Pedra também não acabou por falta de pedras.

O otimismo de Gilding é quanto ao resultado final desse processo. O fim do autoengano, o reconhecimento dos limites do possível, provocará extraordinárias inovações tecnológicas. Uma nova referência do que significa melhorar de vida viabilizará um número permanentemente muito superior de pessoas na Terra. Uma população quarenta vezes superior à de todos os tempos, até o início da Revolução Industrial, só será entretanto possível com o fim do crescimento econômico como o conhecemos. O crescimento baseado na expansão do consumo de bens materiais está em seu capítulo final.

É difícil contestar a lógica e as evidências. Pode-se discutir o timing, mas não há mais como pretender que a economia mundial continue a crescer. Sem crescimento, como vimos, não há como digerir o excesso de endividamento que hoje paralisa as economias dos países mais avançados. O crescimento das economias periféricas, liderado pela China, é a esperança de que o excesso de endividamento das economias centrais possa ser digerido, mas o crescimento recente da China tem todas as características de mais uma bolha. A eventual parada súbita da economia chinesa seria a pá de cal na esperança de uma saída harmoniosa para o impasse em que se encontra a economia mundial.

195

A crise de 2008, que insiste em não terminar, pode não ser apenas mais uma crise cíclica das economias modernas, sempre ameaçadas pela insuficiência de demanda. É possível que o prazo de validade do remédio keynesiano tenha se esgotado. Não há mais como contar com o crescimento da demanda de bens materiais para crescer. O crescimento pode não ser mais a opção de saída para a crise.

Em momento nenhum, entretanto, essa possibilidade é examinada no desenho das alternativas. O limite físico do ecossistema pode ter sido atingido ou estar muito próximo, mas o mecanismo psicológico de autoengano, de negação dos fatos, segue inabalável. O otimismo de Gilding quanto ao longo prazo é reconfortante, mas o fim do crescimento exige uma nova abordagem para a superação de uma crise que, tudo indica, será longa. Infelizmente, não há ainda nem sinal de que essa nova abordagem esteja em gestação.

14
Nova realidade, velhas questões*

JACKSON HOLE, no Wyoming, é um cenário natural impressionante. O Snake River corre por um vale entre uma das mais belas cadeias de montanhas do mundo. Uma vez por ano, no verão do hemisfério Norte, no fim do mês de agosto, é lá onde se reúnem os responsáveis pela política monetária mundial. A princípio se tratava de um encontro dos dirigentes do Federal Reserve System, promovido pelo Fed de Kansas City, mas nos últimos anos incorporou os responsáveis pela política monetária de outras partes do mundo. Participam também, como convidados, os acadêmicos mais respeitados nas áreas de macroeconomia e finanças.

Desde 2008, procura-se compreender o que levou à crise, como evitar o colapso do sistema financeiro mundial e, mais recentemente, como fazer com que a economia se recupere. Parece haver consenso sobre as causas da crise: o excesso de

---

* Publicado no *Valor Econômico*, 1º nov. 2012.

alavancagem, induzido pelo crédito fácil e a proliferação de contratos condicionais. Os chamados derivativos exponenciaram a alavancagem de formas tão elaboradas e complexas que se tornaram impermeáveis ao controle. Também há razoável concordância quanto ao que foi feito para evitar o colapso da economia. As taxas de juros básicas levadas ao seu limite inferior — próximas de zero — e a injeção de liquidez na emergência da crise contaram com apoio unânime. A partir daí, entretanto, as coisas se complicam. Até quando é desejável e possível manter as taxas de juros próximas de zero? Passada a emergência, deve-se insistir no excesso de liquidez, com o correspondente aumento do passivo monetário dos bancos centrais? O que fazer para que a economia se recupere? Quais os riscos de uma política monetária ultraexpansiva por um longo tempo? A julgar pelas discussões de Jackson Hole deste ano, os responsáveis pela formulação das políticas estão quase tão perdidos quanto o público em geral. As velhas controvérsias do século passado parecem estar de volta.

Quatro anos depois do auge da crise, o desemprego continua excepcionalmente alto e a economia americana estagnada. O impasse do euro continua a ameaçar a Europa e a assustar o mundo. Mário Draghi, o presidente do Banco Central Europeu (BCE), alegando falta de tempo, cancelou na última hora sua ida a Jackson Hole. De certa forma, é compreensível. A Europa está um passo atrás, ainda preocupada em evitar o colapso. Draghi enfrenta resistências para implementar as políticas de emergência, como a compra de títulos públicos europeus que acaba de anunciar, com o voto contrário do representante da Alemanha no BCE. A medida evitou a quebra da Espanha e provavelmente da Itália. Ganha-se tempo para avançar na integração fiscal e política, mas nada além disso. Mas como escapar do espectro de uma longa estagnação com altas taxas de desemprego, que agrava o quadro político em toda parte?

A receita keynesiana de expansão dos gastos públicos, nas circunstâncias atuais, é controversa. O endividamento público e privado continua excessivo, pois a política monetária impediu a depressão, mas também o fim das dívidas, que viria com o colapso financeiro. Toda a esperança recai sobre a política monetária. Mais técnica, menos dependente de tramitação política desde a consolidação da independência dos bancos centrais, a política monetária é o campo de teste por excelência da moderna teoria macroeconômica. Ainda que bem-sucedida para evitar o colapso do sistema financeiro, parece-me que, em relação à capacidade de reanimar a economia, se pede mais da política monetária do que ela é capaz de entregar. Até a crise de 2008, o sucesso do chamado período da "Grande Moderação" deu a impressão de que, em relação à gestão macroeconômica de curto prazo, tudo havia sido compreendido. Até mesmo o estudo da macroeconomia parecia ter perdido interesse. O curioso é que até os anos 1980 o papel da moeda e da política monetária foi centro de um virulento e empedernido debate na academia.

Durante décadas, a teoria assumiu que a moeda era neutra em relação à economia real, apenas um véu que determinava o nível geral de preços sem afetar preços relativos. A quantidade de moeda era uma variável sob controle do Banco Central. Supunha-se que a relação entre o estoque de moeda e o nível geral de preços era regida por uma das mais simples e conhecidas fórmulas da economia: a chamada teoria quantitativa da moeda (TQM). A TQM estabelece uma relação direta e proporcional entre o estoque de moeda e o nível geral de preços, expressa numa equação simples, que durante décadas fez parte de todo curso introdutório de macroeconomia:

$$M.V = P.Y$$

onde M é o estoque de moeda; V, a velocidade de circulação da moeda; P, o nível de preços; e Y, a renda real.

A renda nominal seria uma proporção constante — igual ao inverso da velocidade de circulação — do estoque de moeda:

$$M = 1/V. PY$$

Portanto, ao determinar a quantidade de moeda na economia, o Banco Central determina a renda nominal. A TQM pode ser reescrita em termos de taxa de variações:

$$p = m + v - y$$

onde as letras minúsculas representam as taxas de variações das variáveis representadas pelas maiúsculas. Supondo-se que a velocidade renda seja constante, $v = 0$, e simplificadoramente que a renda real, determinada independentemente das questões monetárias, também seja constante, $y = 0$, então:

$$p = m$$

Quando a renda real é constante, a taxa de inflação é igual à taxa de variação do estoque de moeda. Para determinar a taxa de inflação, bastaria definir a taxa de crescimento do estoque de moeda. Muito simples, portanto: o Banco Central controla a expansão da moeda que determina a taxa de inflação. Para controlar a inflação, basta controlar a taxa de expansão da moeda.

Como explicar que com uma relação tão simples e direta, tão bem conhecida por todos, o controle da inflação, possa ter havido tanto problema em tantos países na segunda metade do século passado? Das duas uma: ou bem havia uma epidemia de incompetência por parte dos bancos centrais ou a realidade era mais complexa do que supunha a teoria quantitativa. Nos anos 1980, provavelmente dado o avanço da tecnologia, a volatilidade da velocidade de circulação da moeda disparou no mundo inteiro. Ficou impossível sustentar qualquer vestígio de proporcionalidade estável entre moeda e preços. Por incrível que pareça, mesmo aqui no Brasil, onde a inflação crônica devastava a economia e devorava equipes econômicas em prazos cada vez mais curtos, muita gente preferia sustentar a tese da incompetência a abrir mão da TQM. Uma explicação simples e bem estabelecida, aceita por todos, incorporada às narrativas que balizam nosso universo conceitual, tem força para enfrentar os fatos durante muito mais tempo do que se pode imaginar. Se os fatos não confirmam, pior para os fatos.

O principal expoente da defesa da TQM foi Milton Friedman, prêmio Nobel de economia por sua contribuição em outras áreas, professor da Universidade de Chicago, criador de toda uma escola de pensamento. O monetarismo se contrapôs ao keynesianismo dominante desde o pós-guerra. A resistência ao monetarismo de Chicago estava primordialmente no MIT, em Cambridge, Estados Unidos, sob a liderança de Paul Samuelson, Robert Solow e Franco Modigliani, todos eles também laureados com o Nobel de economia. Aluno do doutorado por lá, na segunda metade da década de 1970, ouvi de Franco Modigliani a inesquecível analogia da TQM com a antena de um carro em movimento: embora ela mantenha uma relação estável e direta com a velocidade do veículo, não se deve concluir que será possível parar o carro pela antena. A proporcionalidade estável entre moeda e preços só existe enquanto não se tenta controlar os preços pela quantidade de moeda.

Muito bem, pode-se argumentar, a situação hoje é completamente diferente, o problema não é inflação, mas o contrário, há risco de deflação. A teoria evoluiu, não se fala mais em quantidade de moeda, mas em taxas básicas de juros, fixadas pelos bancos centrais para que as metas de inflação sejam cumpridas. Na reunião de Jackson Hole deste ano, a questão da moeda, da TQM, ainda que não citada de forma explícita, voltou à tona. De um lado, Ben Bernanke, presidente do Fed, do outro, Michael Woodford, o formulador do modelo macroeconômico de referência dos dias de hoje, conhecido como o modelo neokeynesiano. Os dois, formados pelo MIT, parecem discordar sobre como escapar do espectro de um longo período de estagnação.

Depois de levar a taxa básica de juros para seu limite técnico inferior, muito próxima de zero, e ver que a economia ainda assim não se recuperava, Bernanke recorreu a um novo expediente, o chamado "afrouxamento quantitativo". A expressão é tão assustadora que só é usada em inglês, "quantitative easing", ou simplesmente QE, como se tornou conhecida essa nova forma de política monetária. Logo depois da reunião de Jackson, Bernanke confirmou a terceira rodada, conhecida como o QE3. Embora o termo hoje seja corrente no jornalismo econômico e nos mercados financeiros, suas raízes na velha TQM parecem esquecidas.

O expediente foi posto em prática pela primeira vez pelo Banco Central do Japão. No ano 2000, alguns anos depois da crise do estouro da bolha imobiliária japonesa, as taxas de juros já tinham sido reduzidas a zero e a economia continuava estagnada. Numa entrevista dada em visita por lá, Milton Friedman sugeriu que o Banco Central poderia ir além de reduzir a taxa de juros a zero: deveria continuar a aumentar a quantidade de moeda na economia. Coerente com sua convicção de toda a vida na TQM, o velho mestre afirmou que a expansão da base monetária, mesmo quando a taxa de juros básica já chegou ao seu limite inferior, seria capaz de estimular a despesa agregada nominal. Um ano depois, em março de 2001, a sugestão foi posta em prática pelo Banco Central do Japão. A política de fixar os juros básicos foi substituída por uma política de metas para as reservas bancárias. O Banco do Japão fez uma grande compra de títulos públicos no mercado secundário, expandindo assim as reservas bancárias — que com o papel-moeda constituem a base monetária — e chamou a operação de "quantitative easing". Assim foi cunhada a expressão.

O Japão continua estagnado até hoje, mais de uma década depois do primeiro experimento de QE. Ainda assim o Fed e outros bancos centrais dos países desenvolvidos, depois da crise de 2008, não desanimaram e resolveram seguir a sugestão de Milton Friedman. A base conceitual por trás do experimento é a que sempre balizou a versão monetarista extrema da TQM: os canais de transmissão da expansão da moeda para a renda nominal não se limitam aos decorrentes da redução dos juros. Embora não bem especificados nem formalmente estabelecidos, seriam muito mais abrangentes.

Não surpreende a ninguém que conheça seus trabalhos que Woodford discorde. Ele fez seu doutorado no MIT, no início dos anos 1980, logo depois de Bernanke ter terminado seus estudos por lá. Sua tese de doutorado formalizou o modelo neokeynesiano básico e aposentou o controle dos agregados monetários como instrumento de política monetária. O monetarismo saiu de circulação, tornou-se anacrônico. Woodford demonstrou que a taxa de juros básica, em conjunto com metas anunciadas de inflação, é tudo que o Banco Central precisa. Num artigo de 2000, no mesmo ano em que o Banco do Japão

A CRISE FINANCEIRA DE 2008

fazia a primeira experiência de QE, Woodford demonstrava que era possível fazer política monetária mesmo numa economia sem a moeda convencional. O trabalho era uma resposta à possibilidade de que a moeda, cada vez menos utilizada com o avanço da tecnologia de pagamentos eletrônicos, viesse a desaparecer. A moeda física e os depósitos à vista não remunerados poderiam deixar de existir — ou seja, a velocidade de circulação tender a infinito —, mas ainda assim o Banco Central teria instrumentos para interferir e estabilizar a economia. Política monetária é na verdade política de juros.

A passagem pela diretoria do Banco Central do Brasil no início dos anos 1980 deixou-me convicto de que, ao menos em condições inflacionárias, o Banco Central não tem controle sobre a base monetária, apenas sobre a taxa básica de juros. O tema é técnico, mas a essência é que não há como contrair a base monetária, num contexto de inflação crônica, sem provocar uma crise bancária, muito antes que a despesa nominal e a inflação deem sinais de moderação.

No contexto deflacionário americano de hoje, o Banco Central pode sempre aumentar a base monetária B, por meio da compra de títulos e aumento das reservas bancárias. Para que essa expansão monetária venha a ter efeito proporcional sobre a despesa nominal agregada, como pressupõe a TQM, é necessário que dois parâmetros cruciais — a velocidade de circulação da moeda e o multiplicador bancário — fiquem estáveis. De forma mais abrangente, a TQM pode ser reescrita como:

$$P. Y = V(p, t). \S(i, d). B$$

onde a velocidade de circulação V é função direta da taxa de inflação p e da tecnologia de pagamentos eletrônicos t. As derivadas $V't > 0$ e $V'p > 0$ são positivas e não nulas como pressupõe a

NOVA REALIDADE, VELHAS QUESTÕES

TQM. O estoque de moeda M é uma função da base monetária B. § é o multiplicador bancário, que é função direta da taxa de juros i e da disposição de emprestar do sistema bancário d. As derivadas $\S'i > 0$ e $\S'd > 0$, mais uma vez, não são nulas.

O multiplicador bancário, que define a relação entre a base monetária e o estoque de moeda, é função da disposição de emprestar dos bancos. Nas circunstâncias atuais, com os bancos com seus ativos ainda sobrecarregados de empréstimos questionáveis, não há disposição para expandir os empréstimos, mas sim reduzi-los. Com o juro zero não há custo em deixar as reservas paradas no Banco Central. Por isso o aumento da base, provocado pelo QE, é compensado pela redução do multiplicador bancário. O Fed aumenta as reservas bancárias, mas não há aumento proporcional da quantidade total de moeda.

O eventual aumento do estoque de moeda M, por sua vez, não tem impacto proporcional nos preços, pois é amortecido pela redução da velocidade de circulação. Segundo a TQM a velocidade de circulação deveria ser estável, mas é função da difusão da tecnologia de pagamentos eletrônicos e do comportamento do público. Quando a inflação é alta, o custo de manter uma grande proporção da renda em moeda é alto. Quando a taxa de juros é zero, como hoje em dia nos Estados Unidos, o custo de reter moeda é nulo. As pessoas aumentam então a proporção da renda que desejam reter sob a forma de moeda. Ou seja, a velocidade de circulação da moeda aumenta em períodos inflacionários e cai em períodos deflacionários. A tecnologia de pagamentos eletrônicos, embora não de todo insensível ao custo de reter moeda, pode ser considerada dada quando se discute a política de curto prazo.

Para que o conselho de Friedmam tivesse efeito, que o QE conseguisse efetivamente levar ao aumento dos gastos, seria necessário que tanto o multiplicador bancário quanto a velocidade de circulação da moeda fossem estáveis. A analogia de Modigliani pode ser adaptada para o contexto recessivo de hoje: assim como é impossível parar um carro em alta velocidade segurando-o pela antena, também não é possível empurrá-lo ladeira acima pela antena.

No longo artigo — mais de cem páginas — apresentado em Jackson Hole, Woodford gasta pouco tempo com o que lhe parece a evidente ineficácia do QE enquanto apenas expansão das reservas bancárias. Concorda que o QE permite ao Fed, além da expansão das reservas, influenciar a estrutura a termo das taxas de juros e os prêmios de riscos dos títulos privados. Nesse caso usa-se o QE para fazer política de juros. Seu objetivo é justamente demonstrar as evidências de que, no contexto de política de juros e metas, existem alternativas eficientes. O argumento central é que o Fed deveria anunciar que vai manter a taxa básica próxima de zero, não apenas enquanto a economia estiver estagnada, mas também quando a recuperação já estiver confirmada. A tese é de que quando o Fed anuncia que vai manter a taxa baixa por um período indeterminado, como tem feito, o público entende como sinal de que a economia vai continuar estagnada por mais tempo do que se imaginava. Woodford sustenta que o Fed deveria se comprometer com uma taxa próxima de zero, mesmo quando a economia já estiver em recuperação. Deveria deixar explícito que vai manter a taxa de juros baixa, mesmo quando já houver sinais de inflação, quando, pela tradicional função de reação do Fed, os juros já devessem estar mais altos.

A argumentação de Woodford tem tom de escolástica barroca. O leitor que consegue chegar ao fim pergunta-se se não seria mais simples e eficiente que o Fed anuncie diretamente que vai fazer tudo o que for necessário para provocar inflação. Este é o objetivo: criar expectativas de que haverá inflação à frente para induzir o público a gastar. Se, como sustenta Woodford, o único canal de transmissão da política monetária é a estrutura de juros reais, quando a taxa de juros nominal chega a zero, a única forma de continuar a reduzir o juro real — torná-lo negativo — é aumentar as expectativas de inflação. É, portanto, o que o Fed deve fazer: provocar expectativas de inflação.

Ao anunciar o QE3, Bernanke desconsiderou as críticas de Woodford em relação à ineficácia da expansão monetária, mas incorporou sua sugestão de comprometer-se com uma política expansiva além da recuperação. Ou seja, atendeu a gregos e troianos, ou melhor, monetaristas e neokeynesianos. Ninguém, qualquer que seja sua escola, poderá discordar de que o Fed resolveu levar a política monetária expansionista a novos limites. As razões foram elencadas por Bernanke: o desemprego continua alto e há muita gente que desistiu de procurar emprego, que se retirou da força de trabalho. Bernanke acha perigoso que essa redução da força de trabalho, se prolongada, possa vir a se tornar estrutural.

O custo social e emocional do desemprego é sabidamente alto. Situações excepcionais levam a crer que medidas excepcionais devam ser adotadas, mas desde que tais medidas façam sentido. Agir para dar a impressão de que se tem controle das circunstâncias, sem avaliar a eficácia e o custo potencial dessas medidas, não faz sentido. Infelizmente, a lógica política exige apenas que medidas sejam tomadas, sem necessariamente examinar sua eficácia. Segundo as evidências compiladas por Reinhart e Rogoff em *This Time is Different* [Desta vez é diferente], não parece haver alternativa, pois todas as grandes crises financeiras da história foram seguidas de um longo período de estagnação. É bem possível que não esteja ao alcance dos bancos centrais fazer com que a economia se recupere de forma rápida depois de uma grande crise financeira. Este é o ponto central do argumento da teoria geral de Keynes.

Examinemos primeiro a hipótese da eficácia da política monetária. A versão monetarista, da expansão da base monetária via QE, não tem sustentação conceitual nem prática. A versão neokeynesiana, de Woodford, pressupõe que os efeitos da política de juros sobre a economia mantêm-se inalterados quando o juro real se torna negativo. Ou seja, os canais de transmissão da política de juros, sobre a demanda e a oferta, não têm sua atuação modificada quando o juro real se torna negativo. A pressuposição é de que haja uma continuidade na relação inversa entre a despesa agregada e a taxa real de juros, tanto no espaço dos juros positivos quanto no dos juros negativos, como no gráfico 1 a seguir, mas o mais provável é que a relação deixe de existir, como no gráfico 2.

A oferta de pleno emprego Y^* é superior à demanda no ponto em que a taxa nominal de juros real é zero. O equilíbrio no mercado de bens, dado pela curva *IS*, é inferior à oferta de pleno emprego Y^*. Embora seja possível levar a taxa de juros reais (r) para abaixo de zero, via expectativas de inflação (p), tal que $r - p < 0$, ao contrário do que pressupõe o ativismo neokeynesiano, o aumento da demanda não recai sobre bens que podem ser produzidos. A demanda estimulada pelo juro real negativo é apenas a de bens especulativos, "irreproduzíveis", percebidos como eventual reserva de valor. O juro negativo estimula a demanda de bens que são substitutos da moeda. O objetivo é preservar o valor da poupança, não aumentar o consumo e o investimento. A demanda por bens "produzíveis" é insensível ao juro real negativo. A curva *IS* se torna vertical a partir do ponto 1, como no gráfico 2.

Gráfico 1

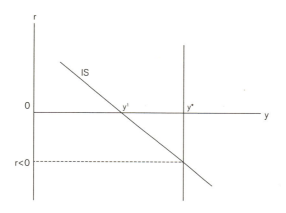

Gráfico 2

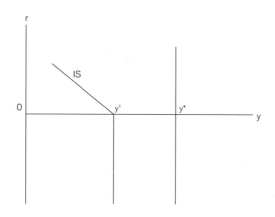

Em nenhum momento do artigo de Woodford a hipótese implícita de que o efeito do juro real negativo não é diferente do juro real positivo é questionada ou examinada. As evidências apresentadas se restringem a demonstrar que o Banco Central é capaz de provocar aumento da renda nominal quando cria expectativas inflacionárias. Uma mera tautologia. O aumento da renda real e do emprego é o objetivo da política monetária, não o aumento da renda nominal e da inflação.

Juros negativos punem os que pouparam. Aqueles que dependem de renda da poupança deverão reduzir, não aumentar, suas despesas. É possível que juros reais negativos estimulem a despesa, tanto o investimento quanto o consumo, mas é altamente questionável que despesas estimuladas pelo juro negativo tenham a mesma eficiência alocativa, tanto em termos de eficiência do investimento quanto em termos de bem-estar associado ao consumo. A evidência das economias que passaram por alta inflação, ou por inflação reprimida, com juros reais negativos é eloquente.

Juros negativos reduzem a confiança na poupança financeira e estimulam a aquisição de bens que possam servir de reserva de valor. Esses bens são justamente os irreproduzíveis, como metais preciosos, terra e obras de arte, cujo aumento especulativo dos preços não estimula a oferta, não gera renda nem emprego. A poupança intermediada pelo mercado de capitais organizado, a poupança financeira, por ter maior capilaridade é mais eficiente em termos de alocação de recursos. Uma política de juro real negativo abala a credibilidade da poupança financeira e distorce o sistema de incentivos à alocação dos recursos do mercado de capitais. O risco da tentativa de inflacionar a qualquer custo pode ser justamente seu sucesso: conseguir provocar apenas inflação e as distorções que a acompanham, sem nenhum efeito positivo sobre a renda e o emprego.

Em resumo: a política monetária clássica, baseada na TQM, como o QE, não parece ter nenhum efeito sobre a demanda agregada nas atuais circunstâncias americanas. A política monetária neokeynesiana, depois de a taxa de juros nominal atingir seu limite inferior, depende da capacidade de criar expectativas inflacionárias para tornar o juro real negativo. Não há dúvida de que o juro real negativo tem efeito sobre a demanda e a alocação da poupança, mas é altamente questionável que seu impacto sobre a renda e o emprego seja semelhante ao de uma redução do juro real positivo. Os mecanismos de transmissão, as motivações psicológicas e o cálculo econômico associados ao juro real negativo são radicalmente diferentes dos associados ao juro real positivo. O mecanismo de transmissão associado à política de juros é um com o juro positivo e outro, completamente diferente, com o juro real negativo. Não existe continuidade entre o espaço do juro real positivo e o espaço do juro real negativo, como pressupõe a sugestão neokeynesiana.

A política monetária expansionista clássica — de expansão das reservas bancárias — é apenas inócua; a política monetária neokeynesiana — que cria expectativas inflacionárias para tornar o juro real negativo — pode ser altamente prejudicial ao bom funcionamento da economia. As eternas pressões políticas sobre as autoridades monetárias ficam, evidentemente, reforçadas pela gravidade da situação atual. Pressionado para agir e dar sinal de que não está insensível, faz mais sentido optar pelo caminho do monetarismo clássico, que ao menos é inócuo, do que pelo do neokeynesianismo, com o qual Bernanke tem muito mais identidade intelectual. Só assim é possível entender que o monetarismo, morto e sepultado há décadas, tenha ressurgido das cinzas, sob a aparência de um novo instrumental denominado "quantitative easing".

Mais difícil de compreender é que o neokeynesianismo tenha se afastado de suas raízes a ponto de esquecer o enfoque crucial da teoria geral de Keynes: a economia pode ficar estagnada num equilíbrio abaixo do pleno emprego por tempo indeterminado e a política monetária não é capaz de tirar a economia desse atoleiro. A Lei de Say, segundo a qual a oferta cria sua própria demanda, não é válida. Tanto a expansão da moeda quanto a redução dos juros são ineficazes para relançar uma economia presa no que Keynes chamou de armadilha da liquidez. Nessas circunstâncias, toda a expansão monetária é entesourada, com proporcional redução da velocidade de circulação da moeda, sem que haja queda do juro e aumento da demanda. A única forma de dar partida na economia é através do aumento exógeno da demanda, que, no caso da economia fechada com a qual raciocinava Keynes, acontece através do aumento dos gastos do governo. O aumento exógeno da demanda funciona como motor de arranque, põe em funcionamento o multiplicador keynesiano da renda. A *IS* do gráfico 3 se desloca então para a direita até que o pleno emprego seja atingido com juro real positivo.

Gráfico 3

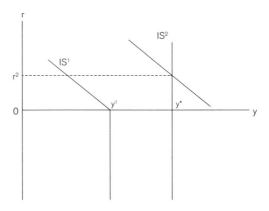

O grande defensor do keynesianismo clássico hoje é Paul Krugman. Contemporâneo de Bernanke no MIT, ele também ganhador do Nobel de economia, como articulista de jornal, crítico ferrenho da condução da política econômica americana desde a crise, Krugman passou a ser visto com certa resistência pela academia. Sua tese é a de Keynes: só o aumento expressivo dos gastos públicos irá tirar a economia americana da estagnação.

Há uma diferença que me parece fundamental entre a situação atual e a dos anos 1930. A bem-sucedida política posta em prática pelo Fed para evitar o colapso do sistema financeiro impediu que chegasse uma grande depressão como a dos anos 1930. Em contrapartida, o excesso de endividamento não desapareceu, como teria ocorrido com a quebra generalizada. Grande parte das dívidas privadas foi transferida para o setor público, mas o endividamento das famílias continua alto. Nessas condições, o aumento dos gastos públicos pode ser muito menos eficiente que quando a economia está estagnada, mas sem dívidas, devastadas pela recessão.

Primeiro, porque, se o setor privado continua preocupado em reduzir seu endividamento, o aumento da renda decorrente dos gastos do governo será em grande parte poupado. O multiplicador keynesiano, que é uma função inversa da taxa de poupança, perde eficácia. Segundo, porque, quando a dívida pública já é percebida como excessiva, o aumento do déficit do governo pode levar à perda de confiança em sua capacidade de se refinanciar. Num primeiro momento, o QE permite ao Fed comprar dívida privada com a expansão da moeda, portanto sem aumento do endividamento público, mas quando mais à frente for necessário esterilizar esse excesso de liquidez, haverá um aumento da dívida pública proporcional à compra de dívida privada.

Hoje, para o governo americano, tal preocupação ainda parece improcedente. Com o juro a zero, o custo de financiamento da dívida nunca esteve tão baixo. Um banco central determinado a criar expectativas de inflação a todo custo e uma dívida pública percebida como excessiva, associado a grandes déficits do governo, não parece uma combinação estável para o país que pretende continuar a ser o emissor da moeda reserva mundial. Há efetivamente razão para que se questione a adoção da receita keynesiana clássica. Mais difícil é compreender por que, em lugar de analisar como adaptá-la às circunstâncias de hoje, o debate tenha regredido às questões que desde a teoria geral já pareciam esclarecidas.[*]

---

[*] Agradeço aos comentários de Edmar Bacha, Pedro Malan, Francisco Pinto, Ilan Golfajn, Monica de Bolle e Pedro Saud, sem responsabilizá-los, evidentemente.

III
A jabuticaba brasileira:
inflação e taxa de juros

15
Em defesa dos títulos
de indexação financeira[*]

O contexto

NO FIM DO PRIMEIRO SEMESTRE de 1986, o congelamento de preços do Plano Cruzado se tornara insustentável. A inflação reprimida se expressaria violentamente nos preços liberados. Para coordenar uma saída minimamente ordenada do congelamento diante do descontrole dos gastos públicos, a taxa de juros era o instrumento de que se dispunha. A restrição da política monetária, isto é, a rápida elevação da taxa de juros básica, era a única arma para, não podendo evitar, ao menos postergar a alta crônica e galopante da inflação.

A indexação clássica aos índices de preços estava restrita à correção anual dos títulos com prazos superiores a um ano,

---

[*] Texto apresentado em seminário sobre Letras Financeiras do Tesouro (LFTS) realizado na Casa das Garças, 23 nov. 2002. Publicado em BACHA, Edmar Lisboa; OLIVEIRA FILHO, Luiz Chrysostomo de (orgs.). *Mercado de Capitais e dívida pública: Tributação, indexação e alongamento*. Rio de Janeiro: Contra Capa, 2005.

e a drástica elevação das taxas juros, requerida naquele momento, implicaria perdas extraordinárias para os detentores de títulos públicos, os quais tinham sido adquiridos com base em malformadas expectativas de que a estabilidade de preços se sustentaria por um prazo bem superior aos poucos meses em que foi possível mascarar as pressões inflacionárias com o congelamento.

Os grandes detentores de títulos públicos eram as instituições financeiras bancárias e não bancárias que, durante o longo período de inflação crônica, utilizaram a dívida para lastrear os depósitos do público; depósitos, quase em sua totalidade, com liquidez diária e remuneração vinculada à taxa básica do overnight. Para se adaptar à necessidade do público de se proteger do pesado imposto inflacionário, o sistema financeiro criara uma alternativa de remuneração à moeda clássica, mas o curto período de estabilidade de preços não foi suficiente para permitir um grau significativo de remonetização. Não houve alongamento da dívida pública nem aumento expressivo da participação de detentores finais. A quase totalidade da dívida continuou nas mãos de intermediários, financiados por depósitos de liquidez diária. A alta dos juros na magnitude requerida provocaria perdas enormes para os intermediários financeiros que possuíam ativos e passivos descasados, tanto nos prazos quanto na forma de remuneração.

O sistema financeiro estava particularmente fragilizado. A súbita parada da inflação não apenas revelara sua dependência do imposto inflacionário, como também explicitara os enormes prejuízos associados aos financiamentos vinculados ao Sistema Financeiro da Habitação, às práticas de cobrança de uma correção monetária adicional na partida dos empréstimos e a outros vícios desenvolvidos e estimulados pelo longo período de inflação crônica. O risco de uma crise sistêmica era expressivo. Algum mecanismo de recompra dos títulos com prazos superiores a um ano que estavam nas mãos dos intermediários financeiros era imperativo para evitá-la e para reduzir os custos de rolagem da dívida.

As razões

Algum tempo antes do Plano Cruzado, Ruben Almonacid sugerira, para uma parcela da dívida pública, a criação de uma indexação financeira à taxa básica do overnight. A sugestão sempre me pareceu imaginosa por oferecer aos intermediários financeiros um título que refletisse a indexação de seus passivos em épocas de inflação crônica. Sua proposta parecia ser uma saída adequada para o impasse representado pela volta da inflação e a requerida alta dos juros, num momento em que a inflação futura era particularmente difícil de ser estimada.

A introdução de títulos de indexação financeira não eliminaria todos os riscos associados ao descasamento. O descasamento da remuneração, no qual residia grande parte do risco, desapareceria, mas o descasamento de prazos não, pois os depósitos do público possuíam liquidez diária. Seria possível eliminar o descasamento de prazos se o Banco Central, em vez de emitir um título com indexação financeira diária, passasse a aceitar dos intermediários financeiros depósitos voluntários com liquidez diária, aos quais remuneraria com base na taxa diária do overnight. Para lastrear esses depósitos dos intermediários financeiros, o Banco Central adquiriria os títulos do Tesouro. Nesse caso, assumiria para si a tarefa de transformar os títulos públicos de longo prazo em depósitos de liquidez e remuneração financeira diária. O risco de desca-

A JABUTICABA BRASILEIRA: INFLAÇÃO E TAXA DE JUROS

samento do sistema seria eliminado e, consequentemente, o custo de rolagem da dívida seria reduzido.

Ao examinar as alternativas possíveis, descobrimos que os estatutos do Banco Central contemplavam a possibilidade, até então jamais utilizada, de emitir títulos de curto prazo que facilitassem e agilizassem a condução da política monetária. Eis então a solução encontrada: as Letras do Banco Central (LBCS), com indexação financeira diária e prazos de até um ano. O objetivo do novo título era exatamente aquele previsto estatutariamente. Com o fim do descasamento da remuneração entre ativos e passivos dos intermediários financeiros, a condução da política monetária durante a volta da inflação seria enormemente facilitada e o risco sistêmico, reduzido.

Abandonou-se a ideia mais radical de eliminar também o descasamento de prazos entre os depósitos do público e os ativos dos intermediários financeiros, por meio da criação de depósitos voluntários remunerados no Banco Central. Sendo o sistema financeiro inevitavelmente obrigado a oferecer depósitos remunerados com liquidez diária para o público, uma quase moeda para os tempos de inflação crônica, parecia melhor que tal remuneração fosse competitiva e explícita. Caso se adotasse a alternativa dos depósitos remunerados no Banco Central, os spreads entre a remuneração paga ao público pelos intermediários financeiros e as taxas pagas pelo Banco Central nos depósitos dos intermediários financeiros não seriam explicitados. Com as LBCS, a remuneração do sistema financeiro, superior à taxa do overnight paga nos depósitos do público, seria competitivamente definida em leilões do Banco Central.

Nessa época, imaginávamos que os deságios das LBCS nos primeiros leilões seriam de 1% a 2% ao ano, mas eles convergiram quase imediatamente para algo entre 0,3% e 0,5% ao ano.

O resultado

As LBCs tiveram sucesso extraordinário, e a demanda reduziu os deságios para menos de 0,5% ao ano. Os pequenos deságios alcançados já nos primeiros leilões confirmaram as expectativas de que um título que refletisse a remuneração do passivo dos intermediários financeiros, pondo fim ao arriscado descasamento de remuneração entre ativos e passivos, teria grande aceitação.

Para esboçar uma ideia da economia fiscal na redução do custo de carregamento da dívida mobiliária, calculamos, no Banco Central, os spreads de remuneração dos títulos da dívida pública, com base nos preços dos leilões primários, sobre o custo de seu carregamento pelo overnight. O número, se me lembro bem, era algo em torno de 6% ao ano. Esta era a remuneração exigida pelo sistema financeiro para carregar a dívida pública com o financiamento de depósitos de liquidez diária feitos pelo público, incorrendo nos riscos de descasamento, seja de remuneração, seja de prazos. Era essa, portanto, a remuneração para transformar grande parte da dívida pública numa quase moeda remunerada.

Esse custo sobre a taxa básica diária, cujo cálculo eu gostaria que fosse feito novamente, subestima o verdadeiro custo, pois nele não está computado o custo dos inúmeros leilões secundários de recompra de dívida que o Banco Central sempre foi obrigado a fazer diante de subidas mais drásticas da taxa de juros básica. A alta volatilidade dos juros num ambiente de inflação crônica e sua conjugação com o contrato implícito de seguro entre o Banco Central e os intermediários financeiros para o carregamento da dívida introduziram uma assimetria onerosa para os cofres públicos. A introdução dos títulos de indexação financeira reduziu de forma drástica e imediata o custo de carregamento de parte expressiva da dívida. A contrapartida dessa redução do custo de financiamento foi, evidentemente, a redução dos ganhos da intermediação financeira.

As críticas

As LBCs atenderam plenamente a seus objetivos: a) evitar crises sistêmicas nos momentos de rápida elevação dos juros, frequentes em tempos de inflação crônica; b) reduzir os riscos de descasamento da intermediação financeira; c) facilitar a condução da política monetária; e d) reduzir o custo de financiamento da dívida pública. Diante disso, não deixa de ser surpreendente que, por ocasião do primeiro aniversário de sua introdução, o sistema financeiro tenha promovido um seminário para desfiar um rosário de críticas a elas.

A má vontade do sistema financeiro com a indexação financeira, em relação tanto às LBCs quanto às Letras Financeiras do Tesouro (LFTS), que as sucederam, é inegável e persistente. Dada a redução do risco de descasamento e sua dominância entre os títulos públicos durante o período de alta inflação, só há uma explicação plausível para isso: o sistema financeiro se ressente de ter perdido a alta remuneração que era garantida pela combinação do descasamento de indexadores com o contrato de seguro implícito dado pelo Banco Central.

Existem, todavia, críticas aos títulos com indexação financeira que merecem reflexão. A principal é que eles reduzem a eficiência da política monetária. Uma política monetária restritiva deve reduzir a demanda agregada. A política monetária será tão mais eficiente quanto maior for a contração da demanda decorrente de uma determinada elevação da taxa de juros. Esta atua por intermédio seja do efeito substituição no tempo, seja do efeito riqueza. Os títulos de indexação financeira não alteram o componente do efeito substituição, mas reduzem o componente do efeito riqueza. Uma alta de juros reduz o valor de mercado do estoque de riqueza financeira. Essa perda de capital na riqueza financeira é proporcional ao prazo médio — mais corretamente, à duração — do estoque de títulos financeiros da economia. Como os títulos de indexação financeira diária, independente de seu prazo de emissão, têm duração de um dia, não há perda de capital associada à alta da taxa de juros no estoque de LFTs. Assim, quanto maior a proporção de títulos de indexação financeira diária no estoque de ativos financeiros do país, menor o efeito riqueza associado à política monetária e menor sua eficácia relativa.

Não há dúvida, portanto, de que quanto maior for a proporção de LFTs no estoque da dívida pública, menor será a eficácia da política monetária. Há, todavia, uma enorme distância dessa conclusão à condenação sumária das LFTs e à atribuição da baixa eficácia da política monetária no Brasil a elas.

A defesa

Quanto mais curta a dívida pública, menor sua duração, mais fraco o efeito riqueza da alta de juros e menor a eficácia da política monetária. Deve-se levar em consideração, porém, que o efeito riqueza sobre a dívida pública é apenas um dos múltiplos mecanismos de transmissão da política monetária. Embora eu desconheça tentativas de estimá-lo, parece-me um exagero atribuir à sua rarefação, em decorrência das LFTs, parte expressiva da baixa eficiência da política monetária no Brasil.

Algumas considerações conceituais podem ajudar na avaliação da importância do efeito riqueza para a eficácia da política monetária. Inicialmente, deve-se observar que o efeito riqueza, isto é, a redução do valor de mercado da dívida pública em razão de uma alta inesperada da taxa de juros, não se confunde com um eventual efeito renda, que é definido como o aumento da renda dos detentores de títulos públicos em decorrência da elevação dos juros. A alegação de que o aumento dos juros, sobretudo no caso das LFTS, aumenta a renda dos detentores dos títulos — e consequentemente o consumo — é fruto de um equívoco conceitual. Renda e riqueza não são variáveis independentes. Riqueza é o valor presente da renda esperada ou, dito de outro modo, renda é o fluxo esperado da riqueza presente. A alta da taxa de juros reduz o valor de mercado do estoque de títulos exatamente porque o rendimento no tempo deve crescer. Se a dívida for composta exclusivamente de Letras do Tesouro Nacional (LTNs) — um título integralmente de desconto e que não paga juros de cupom —, o aumento da taxa de juros eleva o deságio das LTNs em poder do público. O aumento do deságio é, por definição, a contrapartida da elevação de seu rendimento. Não há variação de riqueza ao longo do tempo, mas apenas redução do valor presente da riqueza, que reflete o maior custo da transferência intertemporal provocado pela alta da taxa de juros.

Suponhamos que a dívida pública seja integralmente composta por perpetuidades e, adicionalmente, que o governo não tenha déficit. Nesse caso, embora a elevação dos juros provoque uma queda do valor de mercado da dívida em poder do público, não há efeito riqueza, só efeito substituição no tempo. Mas se a dívida não for uma perpetuidade, ainda que o governo não tenha déficits, a alta dos juros eleva o custo de novas emissões para a rolagem. Quanto mais curta ou, corretamente, menor a duração da dívida, mais a alta dos juros eleva o custo da rolagem e transfere renda do governo para o setor privado. O impacto da alta dos juros sobre a riqueza do

EM DEFESA DOS TÍTULOS DE INDEXAÇÃO FINANCEIRA

setor privado depende, se o governo não tiver déficit, exclusivamente da duração da dívida. Se o governo for deficitário, o problema se agrava.

Nesse contexto, as LFTS não são essencialmente diferentes de qualquer outro título, pois apenas reduzem a duração da dívida e encarecem sua rolagem. Sendo assim, o efeito substituição no tempo da alta dos juros é sempre dominante. O efeito riqueza será nulo se a dívida for uma perpetuidade e o governo não tiver déficit. Será tão mais negativo — no sentido de inverso ao do movimento da taxa de juros — quanto menor for a duração da dívida e maior o déficit do governo. Embora o argumento de que as LFTS enfraquecem a política monetária seja válido, uma vez que elas reduzem a duração da dívida, aumentando o efeito riqueza em sentido inverso ao do efeito substituição no tempo da taxa de juros, não há nelas nenhuma especificidade que distorça a política monetária. São apenas títulos com um dia de duração.

Acredito que a causa da baixa eficácia da política monetária e da persistência de juros extraordinariamente altos é a perenidade do desequilíbrio fiscal, apesar do aumento impressionante da carga tributária e dos demais fatores que constituem o risco associado à incerteza jurisdicional. Eis o cerne do que me parece equivocado na crítica aos títulos de indexação financeira. O alongamento da dívida pública é positivo e desejável como meta de gestão fiscal e como fator de aumento da eficácia da política monetária. Como as LFTS têm duração de um dia, infere-se que elas são a causa das dificuldades para alongar a dívida e, consequentemente, da baixa eficiência da política monetária. Há uma inversão do sentido da causalidade. A dívida é curta e as LFTS continuam a ter peso relativo significativo porque o risco sistêmico do país, ou risco de jurisdição, é alto, e não o contrário. É verdade que o prazo da dívida é um

225

indicador importante do risco sistêmico ou da incerteza jurisdicional, mas isso não leva à inferência de que o alongamento artificial da dívida reduza o risco. É a redução da incerteza que leva ao alongamento, e não o alongamento — sobretudo, se artificialmente induzido — que leva à redução da incerteza.

Pode-se argumentar que o alongamento da dívida influencia a percepção de risco. Assim, ainda que induzida artificialmente, uma menor participação das LFTS na dívida reduziria a incerteza percebida, o que, por sua vez, facilitaria a administração e diminuiria o custo da dívida, num círculo virtuoso que não pode ser desconsiderado. É possível que isso ocorra, mas o argumento é, inequivocamente, de segunda ordem e deve ser contraposto aos custos do alongamento artificialmente induzido. Esses custos não são exclusivamente fiscais, pois se referem também às dificuldades que representam para a administração de crises.

Como ficou claro no segundo semestre de 2002, os títulos de indexação financeira não garantem que o sistema financeiro passará incólume por uma drástica elevação do risco percebido. As LFTS resolvem o descasamento de remuneração, mas não o de prazo. Principalmente as LFTS longas podem sofrer deságios diante de um extraordinário aumento do risco percebido. De todo modo, os títulos de indexação financeira têm muito mais capacidade de resistir ao aumento da incerteza percebida que qualquer outro título com o mesmo prazo de vencimento. É desejável que a dívida seja longa, tenha taxas fixas e permaneça na mão de tomadores finais, mas deve-se tomar cuidado para que, ao caminhar nessa direção, não se crie uma situação artificial de alto risco. O alongamento da dívida negociada, sobretudo em taxas fixas, em princípio algo desejável, pode, se construído de maneira artificial, aumentar a fragilidade diante das crises.

Como a experiência já demonstrou, em períodos de alta inflação e grande incerteza a demanda do público faz com que os intermediários financeiros, se não houver alternativas, transformem títulos longos de remuneração fixa em aplicações de liquidez diária. Não pode haver situação mais frágil e potencialmente onerosa. O Tesouro paga um prêmio elevado para que o sistema financeiro administre o descasamento de prazos e de indexação, mas o Banco Central, em casos de grandes surpresas negativas, é obrigado a recomprar os títulos e incorrer em custos para evitar o colapso do sistema.

Um argumento adicional contra as LFTs é o de que elas são desestabilizadoras. Em momentos de crise, quando as taxas de juros devem ser elevadas, quanto maior for a participação dos títulos de indexação financeira diária na dívida, maior será o custo fiscal da alta dos juros. As LFTs seriam, portanto, potencialmente desestabilizadoras porque reforçariam o desequilíbrio fiscal e, por conseguinte, o risco sistêmico existente em momentos de crise. Embora isso seja correto, se comparado à alternativa do resgate do sistema financeiro pelo Banco Central para evitar uma crise sistêmica, os títulos de indexação financeira diária são fiscalmente menos onerosos e, portanto, relativamente estabilizadores.

Conclusão

A dívida longa e nas mãos de detentores finais é desejável porque onera menos, aumenta a eficácia da política monetária e é um indicador de baixo risco, cujos efeitos reforçam as condições favoráveis.

Os títulos de indexação financeira diária são uma alternativa para reduzir o descasamento da intermediação financeira, toda vez que situações de grande incerteza geram uma forte preferência por títulos de liquidez diária. Trata-se, portanto, de títulos para tempos de incerteza, de um seguro contra crises e elevações extraordinárias da taxa de juros, pois reduzem o custo da dívida pública. O fato de participarem do cardápio de alternativas é positivo. Sua prevalência na composição da dívida, todavia, é um sinal de que a percepção de incerteza é alta. Em economias nas quais a estabilidade está consolidada, os títulos de indexação financeira devem reduzir-se a uma parcela inexpressiva da dívida. Não se deve, porém, inverter o sentido da causalidade e forçar a redução dos títulos de indexação financeira sob a expectativa de colher os frutos da estabilidade consolidada, pois os resultados podem ser o aumento dos custos de administração da dívida, a fragilidade fiscal e a desconfiança dos agentes.

O objetivo de uma política econômica eficaz deve ser a redução da incerteza e, consequentemente, da preferência do público por títulos com liquidez diária. O alongamento da dívida — e suas vantagens operacionais e fiscais — é consequência de uma boa política, isto é, da redução do risco e da incerteza. A menor participação das LFTS na dívida deve, portanto, resultar naturalmente do abrandamento da percepção de risco e de incerteza, e não de uma imposição por via regulatória.

16
Um longo caminho
a percorrer*

AGRADAVELMENTE SURPRESO com a premiação extemporâ-
nea, agradeço à Ordem dos Economistas do Brasil, ao Conselho Regional de Economia de São Paulo, e concluo que deve
ser uma espécie de condecoração por antiguidade.

Em julho deste ano completei 33 anos de formado em economia pela PUC do Rio. "A velhice é a coisa mais inesperada
que ocorre aos homens." Embora eu tenha ainda feito o mestrado na EPGE/FGV do Rio e terminado o ph.D. no MIT em abril
de 1979, acho que estou autorizado a dizer que tenho mais de
três décadas como economista.

Estive na universidade, no setor público e no setor privado.
O ferramental teórico do economista é útil para todo tipo de
profissional, mas não me parece haver dúvida de que a formação do economista — o interesse primordial de quem quer ser

---

* Discurso proferido por ocasião do prêmio Economista do Ano, recebido
em agosto de 2006.

economista — é compreender e colaborar para a melhor organização da sociedade e satisfazer as necessidades das pessoas. O economista, se não necessariamente um homem público, é essencialmente um profissional da vida pública.

Nunca pensei em estudar economia. Preparei-me sempre para a engenharia. Se não me engano, foi a leitura de *História da riqueza do homem*, de Leo Huberman, alguns meses antes do vestibular, que me levou para a economia. O fato é que me interessei de imediato pela economia e todos os seus campos. A partir do mestrado na EPGE/FGV, meu interesse na macroeconomia aberta, em moeda, câmbio e preços, e em particular na questão da inflação, tornou-se predominante. Minha tese de doutorado foi dedicada ao tema. Para decepção de meu orientador, e mais tarde amigo, Rudi Dornbusch, optei por uma abordagem — como se dizia à época — "estruturalista", com forte influência do pensamento latino-americano e de Mário Henrique Simonsen, em especial.

A convicção de que os prolongados processos inflacionários das economias em desenvolvimento não se enquadravam integralmente no arcabouço teórico macro da curva de Phillips expandida pelas expectativas, que prevalecia nas universidades do Primeiro Mundo, dirigiu meu interesse de pesquisa. Do artigo "Moeda indexada", em 1984 — e a polêmica gerada em torno dele —, ao real, passando pela extraordinária frustração do cruzado, considero que tive a oportunidade ímpar de participar da discussão conceitual, do debate político e da execução prática do tema que dominou meus interesses desde o início do estudo de economia: a estabilidade monetária e o fim da inflação crônica. Tenho absoluta consciência do privilégio que isso significa. Para não me estender nas recordações — sinal inequívoco de idade avançada —, passo às observações que quero fazer.

A estabilização monetária está hoje consolidada. Treze anos

depois do real, há razão para acreditar que os vestígios da desconfiança na moeda — que é algo mais profundo, de memória mais longa e mais difícil de ser superado que a inflação propriamente dita — estão finalmente sendo superados. Das três funções da moeda nos livros-textos — meio de pagamento, unidade de conta e reserva de valor —, que se perdem ao longo do processo inflacionário crônico, as duas primeiras estão praticamente resgatadas. É com alegria que constato que hoje todos os preços voltaram a ser cotados em reais.

A propriedade da reserva de valor — a primeira a ser perdida —, quando restabelecida, seria a confirmação definitiva da superação da desconfiança na moeda. Já há sinais claros de que o real está em processo avançado de recuperar a propriedade de reserva de valor. Estimulado, é preciso que se diga, por sua valorização em relação ao dólar americano dos últimos anos e pelas extraordinariamente altas taxas de juros, mas já não enfrenta a desconfiança absoluta como reserva de poupança e valor que a moeda nacional enfrentou durante mais de cinco décadas. Uma grande vitória. Resultado de um longo processo de debate e aprendizado.

Abro mais um parêntese de recordação: em 1985, quando tive minha primeira experiência no setor público como diretor do Banco Central, pude vivenciar logo nos primeiros meses no cargo uma mudança importantíssima: o fechamento da chamada conta movimento. Para os que não se lembram, a conta movimento era uma excrescência institucional brasileira. Por ocasião da criação do Banco Central, em substituição à Superintendência da Moeda e do Crédito (Sumoc) do Banco do Brasil, este deveria continuar a prestar transitoriamente alguns serviços ao recém-criado Banco Central. Para remunerar o Banco do Brasil por tais serviços, criou-se a conta movimento. Tal conta não deixou de ser extinta quando o Banco Central foi consolidado e, além do mais, se expandiu para financiar todo tipo de despesa a cargo do Banco do Brasil. A tal ponto que seu controle passou a ser feito através do orçamento monetário, outra excrescência institucional, em que se determinava de fato, em reuniões mensais com a participação do Ministério da Fazenda, do Banco Central e do Banco do Brasil, o verdadeiro orçamento da União. O orçamento fiscal, enviado ao Congresso, era absolutamente irrelevante.

O Banco do Brasil operava como um guichê de expansão de crédito, por conta e ordem do Executivo, e a posteriori se financiava a juros nominais de 6% ao ano, portanto a juros reais altamente negativos, através da conta movimento com o Banco Central. O projeto de criação da Secretaria do Tesouro e do fim da conta movimento, no qual trabalhava havia tempos um grupo de dedicados funcionários do Ministério da Fazenda e do Banco Central — entre os quais não posso deixar de citar João Batista Abreu e Pedro Parente —, vinha tendo sua execução sucessivamente adiada por todo tipo de pressão. Numa reunião com Dilson Funaro, para avaliar o orçamento fiscal do mês, o ministro da Fazenda observou que seria muito bom porque o Tesouro receberia o pagamento do imposto de renda do Banco do Brasil. Tive a presença de espírito de lhe dizer que melhor seria se o Banco do Brasil não pagasse o imposto de renda. Surpreso, Funaro pediu-me que lhe explicasse. Simples, respondi: o Banco do Brasil, para pagar o imposto de renda, saca integralmente do orçamento monetário; como uma parte substancial do imposto de renda é repassada para estados, municípios e outras despesas compulsórias, o resultado líquido para o Tesouro é negativo. Alguns meses depois a Secretaria do Tesouro saía finalmente do papel e a conta movimento era encerrada. Como dizia um anúncio de cigarros do meu tempo nos Estados Unidos: *"We've come a long way"*!

O processo de aperfeiçoamento institucional na condução das políticas fiscal e monetária continuou ao longo das últimas décadas. Da criação da diretoria de mercado aberto do Banco Central (BC) com Claudio Haddad e Geraldo Langoni na presidência do BC, em 1979, à criação do Copom, à transferência da gestão da dívida pública para a Secretaria do Tesouro, até a adoção do câmbio flutuante e do sistema de metas inflacionárias, da gestão de Armínio Fraga, e a independência na prática do Banco Central, que sobreviveu sabiamente à mudança de governo e à mudança de ministros da Fazenda neste governo. Entretanto, é claro que ainda hoje há onde avançar.

A realidade e nossa compreensão dela são circunstanciais. Há um processo permanente de busca de melhores formas de conduzir o tripé da política macroeconômica: câmbio; moeda e juro; dívida pública e política fiscal. Do lado das políticas monetária e cambial, é preciso assegurar a independência formal do Banco Central, para que sua independência na prática — que é a que conta — seja percebida como duradoura. É preciso rever a obsoleta legislação cambial e progredir no processo de dar plena conversibilidade à moeda nacional. Do lado fiscal, a agenda é bem mais longa. A consciência da necessidade do equilíbrio orçamentário intertemporal ainda não parece estar sedimentada. A Lei de Responsabilidade Fiscal e o superávit primário expressivo que vem sendo mantido desde o início deste governo foram instrumentos para estancar o crescimento insustentável da dívida pública.

Contudo, é evidente que o equilíbrio das contas públicas foi obtido através do aumento da carga tributária. Carga tributária que, hoje, parece estar no limite do tolerável. Não no sentido de aceitável por critérios subjetivos, que podem refletir diferentes preferências sobre equidade e sobre o grau de intermediação do setor público na renda nacional. Limite do tolerável no sentido de que — em sua forma atual — a carga tributária desestimula o investimento, o emprego, e configura-se como um sério entrave para que o país reencontre o dinamismo perdido desde o início do processo de inflação crônica. Ao lado de uma estrutura tributária caótica, que penaliza de forma inconcebível o emprego e a iniciativa empresarial, está um arcabouço regulatório barroco. Como dois irmãos malévolos e inseparáveis, tributos e burocracia penalizam todos os aspectos da vida. Para a grande maioria das empresas, corresponder às suas exigências é rigorosamente impossível.

Atualmente, o custo de *compliance* no Brasil inviabiliza as empresas menores, inibe o aparecimento de novas empresas — que só prosperam na fronteira da ilegalidade — e é um brutal concentrador da atividade empresarial e, consequentemente, inibidor da competição. Só os grandes grupos têm escala para arcar com os custos da regulamentação. A empresa que cresce e torna-se visível inviabiliza a operação à margem da legislação, e só tem duas alternativas: dar um salto de escala — na maior parte das vezes sendo comprada por um grupo grande — ou regredir. A empresa média é inviável.

Não tenho a pretensão de acreditar que exista uma receita infalível para superar os desafios do subdesenvolvimento — para usar uma palavra que saiu de moda. Já acreditei — talvez com um natural entusiasmo juvenil — que resolvidas as questões macroeconômicas de fundo, isto é, o equilíbrio fiscal e a estabilidade monetária, superada a armadilha da inflação crônica, estariam automaticamente restabelecidas as condições para a retomada do crescimento sustentado. Hoje, constato que a superação da inflação crônica não é condição de suficiência para a retomada do crescimento e também já não tenho certeza de que o mero crescimento seja condição para a superação do subdesenvolvimento. A inflação crônica foi superada, houve grandes avanços institucionais na condução da política macroeconômica, mas o crescimento não correspondeu ao esperado. O país defronta-se com dificuldades de toda ordem. Não acho que seja exagero retórico afirmar que se encontra num estado deplorável.

É importante ressaltar que, se o crescimento nas últimas três décadas foi inferior ao esperado, ainda assim houve um extraordinário progresso material. O motivo de espanto é que tal progresso não tenha sido acompanhado por uma percepção de melhora na qualidade de vida. Ao contrário, a deterioração da segurança pública, a superpopulação caótica dos grandes centros urbanos, a percepção de que as desigualdades não se reduziram, o descrédito da política e da vida pública em todos os seus aspectos são fatores que contribuem para a certeza de que a qualidade da vida se deteriorou. Por que essa dissociação entre progresso material e qualidade da vida? Trata-se de um fenômeno exclusivamente brasileiro?

Há quatro anos, a leitura dos livros *México: a cinza e a semente*, de Héctor Aguilar Camín, e *O atroz encanto de ser argentino*, de Marcos Aguinis, levou-me a algumas observações que me parecem apropriadas. São ensaios que procuram compreender seus respectivos países neste início do século, a partir de fatores históricos institucionais de sua formação e dos desafios que o momento de transição — suas "circunstâncias" — lhes confere. São ensaios sobre a alma nacional e suas circunstâncias; dois ensaios na clássica tradição do pensador espanhol Ortega y Gasset. À época fui reler o belíssimo ensaio de Octavio Paz, *O labirinto da solidão*, que me introduzira, muitas décadas antes, ao México. Quando li pela primeira vez esse texto, não conhecia Ortega. Fiquei muito impressionado com a influência do pensador no belo ensaio de Octavio Paz. Não tenho conhecimento de que haja algo semelhante sobre o Brasil. Talvez *Casa-grande e senzala*, de Gilberto Freire, mas nada mais recente.

Os ensaios de Camín e de Aguinis fazem um balanço dos avanços obtidos com a opção pela moderna economia de mercado e pela integração econômica aos mercados internacionais, e dos problemas que persistem, ou muitas vezes se agravam, apesar do inegável progresso material. O ensaio de Marcos Aguinis sobre a Argentina é mais sombrio. Encaixa-se perfeitamente na definição de Ortega na introdução de *Espanha invertebrada*: "Trata-se de definir a grave doença que acomete a Espanha".

Pois me parece que o momento brasileiro clama pela proposta de Ortega: definir a grave doença que acomete o Brasil. Os ensaios sobre o México e a Argentina, abstraídas as particularidades histórico-institucionais, poderiam parecer, ao leitor desavisado, lúcidas análises sobre o Brasil. Não é por menos que Eduardo Gianetti, no prefácio, desafia-nos a ler Aguinis sem sentir "calafrios de familiaridade". A pergunta que a leitura de tais ensaios me suscitou foi: como é possível compatibilizar uma interpretação das dificuldades do país a partir da "alma nacional" formada por suas especificidades histórico-institucionais, com semelhanças tão impressionantes entre os problemas enfrentados por Brasil, Argentina e México?

Muito mais impressionante que as diferenças na definição das identidades nacionais são as semelhanças nos traços de personalidade social, nos agudos problemas que nos afligem, em sua renitente persistência ou até mesmo em seu agravamento. Se nem sempre temos consciência dessa semelhança é porque, apesar da integração internacional, continuamos todos, e não apenas o Brasil, imersos em seus problemas, sem tempo ou desejo de olhar para fora, para além de seu próprio umbigo.

Arrisco uma tese. O moderno capitalismo de massa revelou-se

imbatível como sistema de produção de riqueza. Sua superioridade foi de tal forma esmagadora que não parece haver, hoje, alternativa para a organização da economia. Acontece que este mesmo capitalismo moderno é incapaz de resolver de forma automática a questão das desigualdades e da exclusão social. Pelo menos transitoriamente as agrava. A redução da desigualdade depende essencialmente da vida pública, da política e da cidadania. A desvalorização da política e da vida pública tem, entretanto, raízes profundas na modernidade. Possivelmente, como defende Hannah Arendt, associada inicialmente à valorização do trabalho e da vida privada que acompanhou o avanço do capitalismo industrial do século xix, atinge seu ápice com a consolidação do capitalismo de massa deste início de século xxi. Ora, se não existe alternativa à altura do capitalismo para a criação de riqueza, se este capitalismo é incapaz de sanar a questão da desigualdade, que depende essencialmente da valorização da vida pública, e a desvalorização da política tem suas raízes justamente no desenvolvimento da mentalidade capitalista moderna, estamos diante de um desafio monumental.

A frustração das esperanças de que o Brasil — a análise serve para muitos outros — chegasse ao século xxi como um país equânime e desenvolvido tem sido atribuída, dependendo da orientação ideológica, a razões distintas. De um extremo a outro do espectro ideológico — que se reduziu significativamente ao longo das últimas décadas —, entretanto, as análises críticas são essencialmente operacionais e conjunturais. A discordância é em última análise quanto à forma de condução do sistema capitalista de massa. Parece-me que o projeto de desenvolvimento da segunda metade do século xx frustrou-se por não compreender a natureza aparentemente irreconciliável da ética e dos valores do moderno capitalismo de massas com a valorização da vida pública e da cidadania.

A crítica cultural do capitalismo de massa e a análise da crise dos valores da modernidade foram temas recorrentes de reflexão durante todo o século xx. Grande parte da crítica cultural do capitalismo foi formulada na primeira metade do século xx e, como não poderia deixar de ser, embarcou de corpo e alma no projeto do comunismo e do planejamento central como alternativa ao capitalismo. As exceções são Max Weber, que antecedeu o comunismo, e o próprio Ortega, no brilhante e polêmico ensaio do início dos anos 1930, *A rebelião das massas*.

A evidente superioridade do capitalismo moderno como sistema de produção de riqueza, já a partir da metade do século xx, e o posterior retumbante fracasso do comunismo deram um ar anacrônico, datado, a toda a literatura de corte marxista. Acredito, entretanto, que não se deva descartar integralmente a crítica cultural do capitalismo moderno por ter, em grande parte, embarcado no equívoco do planejamento central e do comunismo.

Creio que os esforços para superar o subdesenvolvimento e transformar os países em sociedades democráticas e equânimes serão necessariamente frustrados enquanto o desafio de tornar compatível a valorização da vida pública e da cidadania com os valores do moderno capitalismo de massa não for superado. Ouso ir mais longe: o capitalismo moderno, em sua desvalorização da vida pública e da política, é sempre um fator de erosão progressiva da base cultural e institucional da qual ele não pode prescindir. Os países onde a tentativa de implantar o capitalismo moderno coincide no tempo com o esforço de criar esta base cultural-institucional podem se encontrar numa situação perversa: o sucesso do capitalismo no segmento moderno da sociedade desvaloriza a vida pública e a cidadania muito antes da incorporação dos segmentos marginalizados.

Acredito que este é o grande impasse do nosso tempo: a

incompatibilidade entre o sistema mais eficiente na geração de riqueza e a valorização da vida pública e da cidadania, indispensáveis para dar sentido à riqueza material. Sempre me pareceu que, quaisquer que fossem os problemas do moderno capitalismo internacionalizado dominante no final do século XX, só os países que o adotassem incondicionalmente e tivessem sucesso material poderiam se habilitar a discutir sua reforma no futuro.

Pois hoje tenho dúvidas. A persistência da exclusão social, a desvalorização acelerada da vida pública, o descrédito da política e a falência progressiva da cidadania, a institucionalização do crime e a criminalização da política fazem-me duvidar da possibilidade de completar a travessia sem uma revisão do projeto. Acredito que seja imperativo repensar a matriz dos valores do moderno capitalismo de massa. Isso deve começar pela reorganização da vida pública. Procurar compatibilizar o mundo inevitavelmente cada vez mais interligado e integrado com a valorização das comunidades locais. Deve-se tentar reaproximar os homens públicos de suas comunidades, reverter de forma drástica a influência da publicidade e do marketing na vida pública. Seus efeitos sobre as expectativas de consumo já são penosamente deletérios, mas sobre a vida pública são devastadores.

Infelizmente, não me parece uma agenda fácil nem passível de ser implementada a curto prazo. Com o *caveat* de que é preciso manter-se otimista na ação, concluo — antes de ser mais uma vez tachado de pessimista — citando Ortega: "Não me parece que o pessimismo seja, por si mesmo, censurável. As coisas às vezes são de tal forma que julgá-las com um viés otimista equivale a não tê-las compreendido".

17
A taxa de juros no Brasil:
equívoco ou jabuticaba?*

OS JUROS NO BRASIL continuam a causar perplexidade. Enquanto no mundo todo, desde a crise financeira de 2008, as taxas estão excepcionalmente baixas, o Brasil é uma exceção. A taxa de juros continua alta; não apenas alta, mas muito alta.

Durante duas décadas, entre o primeiro choque do petróleo em 1973 e o Plano Real em 1994, a inflação brasileira desafiou políticos e intelectuais em busca de uma saída para um mal que corroía os salários, concentrava a renda, distorcia os preços, aumentava a incerteza e dificultava a avaliação dos investimentos. Independentemente da velocidade com que governos, ministérios e métodos foram testados e substituídos, a inflação seguia seu curso, parecia alimentar-se das tentativas fracassadas de controlá-la e ameaçava até mesmo a estabilidade institucional.

---

* Publicado no *Valor Econômico*, 16 jun. 2011, sob o título "Juros: equívoco ou jaboticaba?".

A inflação brasileira do último quarto do século xx era diferente da inflação encontrada nos países desenvolvidos à mesma época. Não era a mesma inflação, apenas mais alta, como a totalidade dos analistas externos e a grande maioria dos analistas no Brasil supunham. Tinha um elemento novo, uma especificidade própria, que lhe dava um caráter essencialmente distinto.

A inflação no Brasil tinha se tornado uma doença crônica. Depois de anos de convívio com a inflação, formas de conviver com a alta generalizada de preços foram desenvolvidas e até mesmo inteligentemente institucionalizadas nas reformas modernizadoras de 1965. Os mecanismos de indexação de salários, preços e contratos tinham se generalizado. A indexação permite conviver com uma inflação moderada sem desorganizar completamente o sistema de preços relativos, mas em contrapartida, por ser retroativa, projeta a inflação passada na inflação futura. Introduz uma rigidez no processo inflacionário que o torna muito mais resistente aos esforços para controlá-lo. Uma vez atingido um determinado patamar, ainda que na ausência de novas pressões, a taxa de inflação perpetua-se, através do que se convencionou chamar de inércia inflacionária.

A indexação permite conviver melhor com a inflação, mas introduz um forte componente inercial que a torna resistente aos métodos tradicionais para combatê-la. Um longo período de altas taxas de inflação, numa economia onde há indexação generalizada, muda a natureza do processo inflacionário e lhe dá características e complexidades específicas, diferentes das inflações moderadas encontradas nas economias desenvolvidas da segunda metade do século xx.

Numa época em que o mundo era menos interligado do que é hoje, em que o desconhecimento do que se passava nas eco-

A TAXA DE JUROS NO BRASIL: EQUÍVOCO OU JABUTICABA?

nomias periféricas era grande, não se podia contar com o auxílio dos centros acadêmicos desenvolvidos para se debruçarem sobre uma especificidade subdesenvolvida. Ao contrário, toda tentativa de argumentar que o processo inflacionário brasileiro requeria análise diversa e políticas específicas era recebida, no mínimo, com ceticismo, e na maior parte das vezes com ironia. Obrigados a pensar por conta própria, houve no Brasil um intenso debate sobre a natureza da inflação que, depois de muita tentativa e erro, nos levou ao Plano Real. A URV, uma moeda indexada virtual, foi uma solução sofisticada e original para o problema da inércia da inflação crônica.

A alta taxa de juros no Brasil de hoje nos remete à questão do processo inflacionário crônico do século passado. Estamos diante de uma nova especificidade brasileira, uma jabuticaba, ou trata-se meramente de um oneroso equívoco?

Em 2004, Edmar Bacha, Pérsio Arida e eu argumentamos que poderia haver uma especificidade na alta taxa de juros brasileira. Descartamos como uma mera curiosidade teórica a hipótese de que a política monetária pudesse estar excessivamente apertada, presa num "mau equilíbrio". Um equilíbrio perverso, em que a taxa excessivamente alta leva a uma despesa excessiva com juros, que aumenta o risco percebido dos títulos públicos, que por sua vez exige taxas mais altas.

A possibilidade de que a própria política de juros altos provoque a necessidade de juros altos, embora tenha grande apelo ideológico à esquerda, foi originalmente formulada por Olivier Blanchard, macroeconomista de credenciais inquestionáveis, atualmente economista-chefe do FMI. Como a carga fiscal no Brasil já estava entre as mais altas do mundo e à época havia um expressivo superávit primário, procuramos encontrar uma possível razão, além de um ajuste fiscal insuficiente e de uma dívida pública muito alta, para que a taxa de juros fosse tão excepcionalmente alta. Não nos parecia viável exigir um novo aperto fiscal pelo lado da tributação, e as dificuldades de reformas e de redução dos gastos públicos são conhecidas. Haveria um fator específico na economia brasileira, uma jabuticaba, que pudesse explicar a anomalia dos juros?

Introduzimos a especificidade brasileira como uma conjectura teórica: a possibilidade de que houvesse uma "incerteza jurisdicional". A incerteza da jurisdição brasileira provocaria, por parte dos agentes detentores de poupança, uma resistência insuperável ao alongamento dos prazos das aplicações financeiras. A evidência do risco jurisdicional era o fato de que os mesmos credores que resistiam a alongar os prazos em reais estavam dispostos a fazê-lo nos títulos financeiros denominados em outras moedas, contratados em outras jurisdições. A "incerteza jurisdicional" seria decorrente de um viés anticredor generalizado, encontrado principalmente, mas não apenas, no Executivo, que sistematicamente subestimou a correção monetária, aplicou redutores nos contratos financeiros públicos e privados, taxou de forma discriminatória as aplicações financeiras e chegou ao extremo de congelar e expropriar a poupança financeira e monetária privada com o Plano Collor. Gato escaldado tem medo de água fria: o brasileiro, depois de tanto ser maltratado e espoliado, teria desenvolvido uma resistência a poupar a longo prazo, sobretudo em moeda nacional.

Embora tenhamos deixado claro que a incerteza jurisdicional era essencialmente uma percepção, associada a um viés anticredor histórico de difícil mensuração, foram feitas algumas tentativas de encontrar evidência de sua presença, em amostras com diferentes países, mas sem sucesso.

Hoje, com significativos avanços tanto em relação à conversibilidade do real como em relação à extensão dos prazos de financiamentos domésticos denominados em reais, a taxa de juros no Brasil continua extraordinariamente alta. A incerteza jurisdicional pode ter contribuído para que a taxa de juros fosse excepcionalmente alta logo depois da estabilização da inflação, mas nos últimos anos a incerteza diminuiu, o mercado interno de crédito de longo prazo evoluiu e a taxa de juros continua muito alta. Fica evidente que algo mais estrutural está por trás das altas taxas de juros no Brasil.

Há os que atribuem a culpa exclusivamente à política monetária do Banco Central, que teria sido — e continuaria sendo — excessiva e equivocadamente restritiva. Segundo estes, os juros altos têm explicação simples: são resultado do equívoco do Banco Central. Um equívoco que resistiu às mudanças de governo e da composição de sua diretoria, mas apenas um longo e insistente equívoco.

O argumento de que se trataria apenas de um equívoco pode variar entre uma versão mais tosca, na qual a política exageradamente dura do Banco Central é quase que pura perversidade, até as mais sofisticadas, que são variantes da tese da "dominância fiscal" de Blanchard. A mais razoável é a tese de que o Banco Central, sem independência formal e cuja diretoria não tem mandato, está sujeito a pressões políticas. Para ganhar credibilidade precisou ser mais realista que o rei. Manteve as taxas sistematicamente acima do necessário para conter a inflação dentro das metas.

Para que esta tese se sustente, dado que a inflação nunca esteve abaixo da meta, é preciso recorrer à hipótese do duplo equilíbrio. Existiria uma taxa de juros, mais baixa que a efetivamente praticada pelo Banco Central, que teria igualmente sido capaz de manter a inflação dentro das metas. O equilíbrio dos últimos anos, desde o real, seria um equilíbrio perverso, em que a alta taxa de juros eleva o custo da dívida pública, agrava o desequilíbrio fiscal, que por sua vez eleva o risco dos títulos públicos e a taxa de juros de equilíbrio. Tudo mais constante, teria sido possível manter a inflação dentro das metas com uma taxa de juros mais baixa e menor risco percebido da dívida pública.

Assim formulada, a tese do duplo equilíbrio é uma possibilidade teórica, mas não há nem certeza da existência prática de um segundo equilíbrio com taxas de juros mais baixas nem garantia de que, na hipótese de efetivamente existir um melhor equilíbrio, dado que estamos no "mau equilíbrio", fosse possível atingi-lo através da mera redução, brusca ou gradual, da taxa de juros. Em termos técnicos, o entorno do equilíbrio perverso pode ser instável e não garantir a convergência para o melhor equilíbrio. Do ponto de vista prático, a existência de um equilíbrio superior é irrelevante, dado que o risco fiscal percebido é efetivamente alto, e não se pode correr o risco de baixar os juros e perder o controle da inflação.

Parece-me, entretanto, que a hipótese da dominância fiscal e do duplo equilíbrio de Blanchard foi descartada como uma curiosidade teórica, sem que a devida atenção tivesse sido dada à única recomendação prática que dela se pode extrair.

A hipótese de Blanchard inverte a premissa clássica de que existe um *trade-off* entre a taxa de juros real e o déficit fiscal. Esse *trade-off* pode ser deduzido da equação de equilíbrio no mercado de bens, em que juros mais altos reduzem a demanda privada e abrem espaço para maior gasto do governo, sem pressão inflacionária. Inverter a relação negativa entre juros e demanda agregada tem sido uma tentação recorrente ao longo dos tempos. Não é difícil compreender por quê. Invertida a relação entre a taxa de juros e a demanda agregada, torna-se possível compatibilizar uma política fiscal e monetária demagógica com a teoria e a racionalidade.

A hipótese de Blanchard, na qual essa inversão ocorre pela

percepção de risco da dívida pública, quando tanto a dívida como a taxa de juros são muito altas, embora sofisticada e conceitualmente possível, é efetivamente apenas uma conjectura teórica. Dela não se pode extrair a recomendação de que o Banco Central deveria baixar os juros, pois nada garante que um novo e melhor equilíbrio seria encontrado.

Ainda que a hipótese de Blanchard fosse demonstrada verdadeira, a única conclusão possível de ser extraída é que, para baixar a taxa de juros, com garantia de que a inflação se manterá dentro das metas, é preciso reduzir o risco percebido da dívida pública. Para isso, o único caminho direto e seguro é aumentar o superávit fiscal e reduzir a dívida.

Cabe aqui um paralelo entre a questão da taxa de juros hoje e a questão da inflação crônica do século passado. Uma identidade básica das contas nacionais nos mostra que o déficit público deve ser igual à soma da poupança privada e do déficit em conta-corrente do balanço de pagamentos. Ou seja, o déficit público é necessariamente financiado pela poupança privada doméstica e pelo financiamento do déficit da conta-corrente, que pode ser chamado de poupança externa. Uma questão fundamental a ser superada por países pobres é a insuficiência de poupança, que decorre tanto da premência das necessidades básicas de consumo quanto da falta de instituições e hábitos indutivos da poupança. Na ausência de poupança voluntária institucionalmente canalizada para o financiamento do investimento, tanto público quanto privado, a inflação pode servir como uma forma de criar poupança forçada. A inflação transfere recursos dos trabalhadores para o governo e as empresas. Se o governo gasta e investe mais do que arrecada, mas não há poupança privada suficiente para financiar seu déficit, a inflação é a forma de transferir poupança forçada para o setor público, através da redução da renda e do consumo privado. A incompatibilidade, a priori, entre o déficit público e a poupança privada resolve-se, a posteriori, através da inflação.

Sem inflação, mas mantida a incompatibilidade entre o déficit público e a poupança voluntária — a taxas de juros razoáveis —, é preciso recorrer a taxas de juros extraordinariamente altas para inibir o consumo privado e estimular a poupança. Na raiz das altas taxas de juros do Brasil de hoje está a mesma incompatibilidade entre a poupança voluntária e o desejo de investimento e consumo, público principalmente, que alimentou o processo inflacionário crônico do século passado. Apesar dos inegáveis avanços, ainda não conseguimos superar integralmente a restrição de poupança interna necessária para financiar nossas ambiciosas metas de investimentos e de gastos públicos.

Pode-se sempre recorrer à chamada poupança externa. A poupança externa é equivalente ao déficit em conta-corrente que o resto do mundo está disposto a nos financiar. O excesso de importações sobre as exportações de bens e serviços é consumo interno financiado pela poupança do exterior. O recurso à poupança externa pode efetivamente aliviar a restrição da poupança interna, mas precisa ser utilizado com cautela, ao menos para os países que não são emissores de moedas reserva. Financiar o excesso de gastos sobre a renda através de déficits em conta-corrente significa sujeitar-se às mudanças de humores, quase sempre bruscas, dos investidores internacionais. Pode ser uma forma legítima de aliviar a restrição doméstica de poupança e acelerar o crescimento, se o déficit em conta-corrente estiver sendo utilizado para financiar o investimento, e não — como ocorre com frequência — o consumo.

De toda forma, para que a poupança externa reduza a pressão sobre as finanças públicas é necessário que a moeda nacional possa flutuar livremente. É preciso aceitar, nos períodos em que o financiamento externo é abundante, uma valorização expressiva da moeda, com todas as suas implicações favoráveis e desfavoráveis. Da mesma maneira, é preciso aceitar os impactos simultaneamente inflacionários e contracionistas decorrentes da redução, ou até mesmo do desaparecimento temporário, do financiamento externo. Se o Banco Central intervém para evitar a valorização percebida como excessiva da moeda, a necessidade de esterilizar os recursos emitidos para a compra de reservas internacionais restabelece a pressão sobre a necessidade de financiamento do setor público. A existência de financiamento externo só alivia a restrição de poupança interna para o financiamento público se a moeda puder flutuar livremente e não houver intervenção esterilizada para evitar sua valorização.

À época da formulação do real, insisti que era um equívoco pensar que o fim da inflação pudesse depender apenas de um plano de curto prazo. A inflação é sempre um sintoma. Sintoma de problemas que podem ser muito diferentes, mas que exigem um longo e consistente processo de superação. Não me parece exagero afirmar que a alta taxa de juros brasileira de hoje ainda é decorrente da estabilização inacabada. Há uma agenda de reformas modernizadoras que foi abandonada e esquecida. Mais que isso, houve reversão do projeto de tornar o Estado menos ineficiente e a economia mais competitiva. A poupança privada pode ser estimulada através do desenvolvimento institucional e da educação, mas os resultados não são imediatos. A curto prazo só há um remédio: reduzir a despesa pública para compatibilizá-la com a taxa de poupança privada disponível, ou seja, reduzir o déficit público.

Tenho consciência de quão anticlimático é concluir que para baixar a taxa de juros é preciso reduzir a despesa e a dívida pública. Logo depois do fracasso do Plano Cruzado, com a inflação explodindo para níveis até então nunca vistos, Pérsio Arida e eu, já fora do governo, mas ainda com restos da aura de milagreiros, fomos convocados ao Palácio da Alvorada para uma reunião com o presidente da República. Ao terminarmos nossa exposição sobre a necessidade imperiosa de reduzir o déficit público, como condição para qualquer tentativa de controlar a inflação, o presidente José Sarney desabafou: "Para controlar a inflação através da redução dos gastos públicos eu não preciso de economistas brilhantes".

Infelizmente, com ou sem economistas brilhantes, para reduzir a taxa de juros e manter a inflação sob controle, a poupança voluntária deve ser capaz de financiar o investimento, público e privado, almejado. Para isso é preciso que as despesas correntes, especialmente os gastos correntes do setor público, sejam mantidas em níveis compatíveis com a taxa de poupança nacional. Em economia ao menos, não há milagres nem jabuticabas.

18
A armadilha brasileira[*]

ATÉ MUITO RECENTEMENTE, o otimismo em relação à economia brasileira era quase unanimidade. O fato de o país ter saído ileso da grande crise financeira de 2008 só reforçou a convicção de resiliência da economia e do acerto da política econômica. Hoje o otimismo é no mínimo mais matizado. Desde que a economia internacional deu sinais de recuperação, a partir do início de 2010, a economia brasileira chegou a dar sinais de superaquecimento. Os juros continuam muito altos, e o câmbio sobrevalorizado, mas a inflação está acima da meta. Por que a economia continua aprisionada à necessidade de juros altos e é incapaz de crescer sem reacender o espectro da inflação e do desequilíbrio externo?

Em artigo escrito como parte de uma série de reflexões

---

[*] Texto originalmente apresentado para discussão n. 19 no Instituto de Estudos de Política Econômica (Iepe), Casa das Garças/ CdG, Rio de Janeiro, ago. 2011.

promovidas pelo *Valor Econômico*, sobre as dificuldades da atual conjuntura, defendi a tese de que na raiz das altas taxas de juros brasileiras está a mesma incompatibilidade, entre as ambiciosas aspirações de gastos públicos e a relativamente modesta propensão para poupar, que alimentou o processo inflacionário crônico da segunda metade do século passado. Não houve consenso, como era de se esperar, mas o debate pareceu explicitar as teses, algumas interessantes, outras menos e outras, ainda, apenas equivocadas. O tema merece uma tentativa de análise mais integrada.

Um modelo keynesiano básico

Para organizar a discussão tomemos um modelo keynesiano básico, como o sugerido por Francisco Lopes, no qual o equilíbrio macroeconômico interno, entre a poupança e o investimento, é definido pela curva *IS*, de acordo com a equação:

(1) $I(r) = SP(u) + SG(u, g) + SX(e, y^*)$

com $I' < 0$; $SP' > 0$; $SGu > 0$; $SGg < 0$; $SXe < 0$ e $SXy^* < 0$

À esquerda, na equação (1) acima, temos o investimento como função inversa da taxa de juros. À direita, temos a poupança decomposta em três componentes, a poupança privada *SP*, a poupança do governo *SG* e a poupança externa *SX*. A poupança privada é, keynesianamente, função positiva da renda, aqui representada pelo nível de utilização da capacidade, *u*. A poupança do governo é o superávit fiscal do setor público, também função positiva da renda ou da capacidade utilizada, u, e função inversa dos gastos do governo, g. A poupança externa, o excesso das importações sobre as exportações de bens e serviços, ou o déficit comercial, é função inversa da taxa de câmbio real, e, assim como da renda mundial, y^*, pois, dada a taxa de câmbio, uma redução da renda mundial reduz as exportações e aumenta a poupança externa.

A segunda equação define o equilíbrio externo do balanço de pagamentos:

(2) $SX(e, y^*) = FX(r, d, a)$

com $SX_e < 0$; $SX_{y^*} < 0$; $FX_r > 0$; $FX_d < 0$ e $FX_a > 0$

A poupança externa, ou o déficit comercial, deve ser igual ao financiamento externo líquido FX. O financiamento externo é função positiva da taxa de juros, r, do grau de atratividade externa do país, a, e negativa das dificuldades de toda ordem, fiscais e administrativas, hoje mais elegantemente chamadas de "medidas macroprudenciais", para investir no Brasil, representadas por d. Com o câmbio flutuante, o financiamento externo determina a taxa real de câmbio.

Finalmente, a equação (3), uma curva de Phillips aceleracionista:

(3) $u = \hat{u} + a\,(p - p(-1))$

A taxa de utilização u é igual à taxa de utilização não inflacionária, $\hat{u}$, mais uma proporção a da variação da taxa de inflação.

O binômio perverso: juro alto e câmbio sobrevalorizado

Suponhamos que a capacidade utilizada seja mantida em seu nível não inflacionário, ou seja, $u = \hat{u}$ para que a inflação fique estável, $p = p(-1)$.

No plano (r, e), taxa de juros e taxa de câmbio, do gráfico 1, o equilíbrio interno é representado pela curva *IS*, cuja inclinação é dada por $Ir/SXe > 0$, e o equilíbrio externo é representado pela curva *BP*, cuja inclinação é dada por $FXr/SXe < 0$.

O ponto 1 representa a atual situação da economia brasileira. A taxa de utilização é dada, hoje provavelmente acima de $\hat{u}$, já que a inflação está acima da meta, mas para nosso propósito aqui vamos assumir que a inflação estivesse estabilizada. Ainda assim, a taxa de juros é mais alta que a internacional, r^*, e a taxa de câmbio está sobrevalorizada, abaixo da taxa $\hat{e}$, que se teria com uma taxa de juros interna igual à internacional.

Gráfico 1

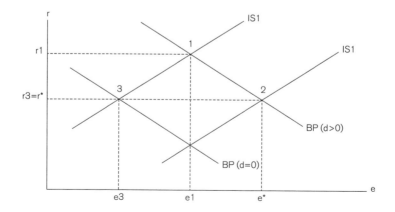

O problema fica evidente: a curva *IS*1 está à esquerda do que deveria estar, *IS*2, para que a economia estivesse no bom equilíbrio do ponto 2, onde a taxa de juros interna é igual à taxa internacional e o câmbio não é sobrevalorizado. Um aumento de *SP* ou de *SG* desloca a *IS* para a direita. O diagnóstico é inequívoco: há insuficiência de poupança doméstica.

Aumentar a dependência da poupança externa

Uma alternativa seria compensar a deficiência de poupança doméstica com ainda mais poupança externa *SX*. O caminho é deixar a taxa de câmbio se valorizar ainda mais, aumentar o déficit comercial e ir para o ponto 3. Para isso, é necessário que a curva *BP* do equilíbrio externo se desloque para a esquerda, ou seja, que se consiga aumentar o financiamento externo com uma taxa de juros mais baixa que a atual. Hoje isso seria possível, pois a curva *BP* está artificialmente deslocada para a direita através de restrições aos movimentos de capitais de curto prazo — ou seja, $d > 0$ — e o Banco Central intervém no mercado de câmbio para conter a valorização do real.

A sustentabilidade do ponto 3 a mais longo prazo é, entretanto, questionável. A atratividade externa deverá se reduzir à medida que o déficit comercial aumente e se prolongue no tempo e a taxa de juros convirja para a taxa internacional, com uma moeda sobrevalorizada. Ao reduzir a atratividade externa, a curva *BP* volta a se deslocar para a direita, com uma consequente elevação do juro interno e desvalorização cambial. Num primeiro momento, é possível reverter as restrições ao financiamento externo, *d*, mas a partir de certo ponto a percepção de risco se torna dominante.

A poupança externa é inerentemente cíclica, abundante quando dela não se precisa, escassa quando dela é possível abdicar e inexistente, ou mesmo negativa, quando se torna indispensável. As reversões cíclicas são não apenas inevitáveis, mas normalmente muito menos bem-comportadas do que sugerem os modelos. Na realidade, a redução da atratividade externa não corresponde ao suave deslocamento da curva *BP* para a direita, mas sim a uma súbita interrupção do financiamento externo, com impacto desorganizador sobre toda a economia.

A utilização da poupança externa deve ser apenas um complemento transitório da poupança doméstica. Tentar se utilizar dela de forma mais permanente implica aceitar uma valorização cambial que deprime a indústria doméstica de bens comercializáveis até o ponto de — se muito prolongada — destruí-la. Este é o argumento dos que defendem que a política de juros do Banco Central tem sido equivocada. Os juros estariam sendo mantidos em níveis acima do necessário, o que aumenta o serviço da dívida, atrai capitais especulativos, valoriza o câmbio e inviabiliza a indústria.

Ainda que não se concorde que a política monetária tenha sido sistematicamente equivocada, parece claro que utilizar primordialmente a poupança externa para compensar a falta de poupança interna, com o câmbio livremente flutuante, não é uma alternativa aceitável. Para levar a taxa interna de juros a convergir com a taxa de juros externa seria preciso aceitar uma valorização cambial que inviabiliza a indústria nacional e é insustentável a longo prazo.

A especificidade brasileira

Uma solução sustentável a longo prazo para levar a taxa de juros a convergir para a taxa internacional seria através do aumento da poupança privada doméstica. Aqui, ao que tudo indica, está a especificidade brasileira: a poupança privada doméstica é baixa e pouco sensível à política monetária. A taxa de poupança brasileira é comparativamente baixa em relação aos seus pares em termos de desenvolvimento. Enquanto no Brasil ela está abaixo de 20%, na África do Sul ela está pouco acima de 20%, na Rússia, na Indonésia e na Índia ela é superior a 30% e na China, que tem o problema oposto, ela é superior a 50% da renda. Voltaremos à ineficácia da política monetária mais à frente.

Há duas formas de especificar a poupança privada, SP: a forma neoclássica, como função positiva da taxa de juros, ou keynesianamente, como função da renda — ou do nível de utilização da capacidade, em nosso modelo. A título de análise, desconsideremos o efeito positivo da taxa de juros sobre a poupança privada e assumamos uma função SP estritamente keynesiana. Assumir que SP responde positivamente à taxa de juros só reforçaria o argumento, pois torna a política monetária mais poderosa, ao reduzir o investimento e ao mesmo tempo elevar a poupança.

A especificidade brasileira, a jabuticaba, que estaria por trás da necessidade de juros tão extraordinariamente altos, entra aqui, na especificação da função da poupança privada. Denominemos de j a especificidade brasileira que afeta negativamente a poupança privada.

$$SP = SP(u, j)$$

com $SP_u > 0$ e $SP_j < 0$

A poupança privada é uma função positiva da capacidade utilizada e negativa do fator jabuticaba. Quanto maior o fator jabuticaba, menor a poupança privada e — tudo o mais constante — maior a taxa de juros de equilíbrio, pois, quanto maior for j, mais à esquerda estará a curva *IS* do equilíbrio macroeconômico doméstico. No gráfico 2, o ponto 1 é o equilíbrio com fator jabuticaba positivo, $j > 0$, onde a taxa de juros é mais alta e a moeda mais valorizada que o equilíbrio do ponto 2, onde o fator jabuticaba é nulo, $j = 0$.

Gráfico 2

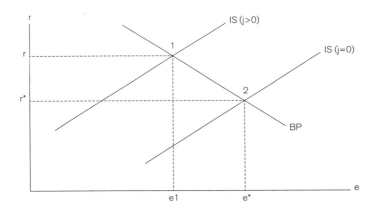

Existem essencialmente três teses sobre as causas do fator jabuticaba que justificariam a baixa poupança privada e sua inelasticidade à taxa de juros.

A primeira é a da "incerteza da jurisdição" de Arida, Bacha e Lara Resende. A incerteza adviria de um viés anticredor generalizado, em todas as instâncias de governo, que ao longo de décadas de alta inflação puniu de forma sistemática e arbitrária a poupança financeira de longo prazo em moeda nacional. O resultado seria uma resistência do brasileiro a poupar através de instrumentos financeiros de longo prazo, sobretudo em moeda nacional.

A segunda é o que Francisco Lopes denominou de um "viés inflacionário". A memória inflacionária não estaria de todo superada, seja por causa das expectativas, ainda contaminadas pela lembrança da inflação crônica, ou por causa da indexação remanescente, como no salário mínimo, por exemplo. Lopes sustenta que o viés inflacionário exige que a economia seja mantida abaixo da capacidade normal de utilização, para evitar que a inflação reapareça. Francisco Lopes não elabora esse viés inflacionário nem explica por que eventuais vestígios remanescentes de indexação, seja contratual, seja psicológica, exigiriam uma capacidade ociosa superior à normal para evitar a volta da inflação. Sugere apenas que, como o nível de utilização não inflacionária é inferior ao potencial — ou normal sem o viés —, a renda é menor e, consequentemente, também a poupança privada.

Nesse caso, o fator j é apenas um redutor do nível não inflacionário de capacidade, $\hat{u}$, ou de renda não inflacionária, e portanto da poupança privada. A poupança é baixa porque a renda é baixa, ou inferior à potencial. O efeito final é o mesmo da incerteza da jurisdição: a poupança é inferior à que seria se não houvesse o fator jabuticaba, mas parece-me menos convincente.

A ideia de que uma economia submetida a várias décadas de inflação crônica possa reagir mais rapidamente a pressões inflacionárias faz sentido, mas é preciso que essas pressões se façam efetivamente presentes. Ou seja, faz sentido supor que, quando se ultrapassa o nível de utilização normal não inflacionário, a velocidade da aceleração dos preços seja superior à que ocorreria caso não houvesse memória da inflação crônica, mas não há como justificar que as pressões inflacionárias ocorram num nível de utilização inferior ao normal por causa da memória.

Atribuir à indexação uma capacidade de repassar inflação

para o futuro, a chamada inércia, é completamente diferente de atribuir à indexação remanescente, quando já não há inflação, a capacidade de criar pressão inflacionária antes que elas efetivamente existam. Expectativas podem não ser exatamente racionais, mas também não faz sentido, a não ser em momentos de histeria, supô-las completamente descoladas da realidade.

Edmar Bacha discorda da ideia de que o viés inflacionário de Francisco Lopes possa ser especificado como exigência de uma capacidade utilizada inferior à normal. Segundo ele, os fatos não confirmam isso. Entre 1981 e 1983 a capacidade utilizada média foi de 90,6%. Depois da estabilização, entre 1994 e 2009, o u médio passa para 94,3%. Só não é ainda maior porque a crise financeira no primeiro mundo levou a uma desaceleração em 2009.

Gráfico 3: Utilização Média de Capacidade na Economia Brasileira (u)

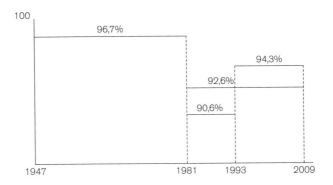

Se houvesse um viés redutor da poupança privada mediante uma exigência de renda e de utilização abaixo da normal, ele deveria ao menos estar sendo reduzido desde a estabilização.

Não há como justificar a taxa de juros persistentemente alta de hoje com base na necessidade de manter a utilização abaixo do normal para evitar pressões inflacionárias. A capacidade utilizada nos últimos anos esteve sempre acima do período pré-estabilização. Mas é verdade que não voltou ao nível médio histórico de 96,7%, observado entre 1947 e 1981.

Bacha sugere que seria mais adequado introduzir o viés inflacionário diretamente na função poupança. O viés inflacionário, ou efeito j, apareceria diretamente na função SP, como um grau de "falsa poupança". Uma poupança de curtíssimo prazo, que não se presta a ser canalizada para o financiamento do investimento de longo prazo, com longo período de gestação. Nesse caso, seria necessário introduzir uma incapacidade, ou uma resistência, do sistema financeiro em cumprir seu papel de administrar descasamentos. Resistência que poderia advir, mais uma vez, do trauma da inflação crônica. Assim formulada, a tese do viés inflacionário não se distingue da tese da incerteza da jurisdição. Ambos são um trauma que reduz a poupança privada disponível para o financiamento do investimento de longo prazo, desloca a IS para a esquerda e exige uma taxa de juros maior que a necessária, caso não existisse a memória da inflação crônica. Mais uma vez, a tese da incerteza da jurisdição parece-me mais elaborada e defensável, apesar da dificuldade de ser empiricamente comprovada.

Existe ainda uma tese alternativa, muito frequentemente invocada, segundo a qual a especificidade brasileira não é que a poupança privada é baixa, mas sim o fato de que ela é pouco sensível à política de juros. A razão mais aventada é a de que a composição da dívida pública reduz a eficácia da política monetária. Mais uma vez, a herança da inflação crônica é invocada como a origem do problema. A dívida pública teria um prazo mais curto que o ideal e, sobretudo, uma proporção excessiva em títulos vinculados à taxa de juros básica diária. Argumenta-se que essa composição da dívida pública torna a política monetária pouco eficiente. A alta da taxa de juros não teria o efeito esperado sobre a demanda agregada.

A política monetária é dita tão mais eficiente quanto maior for a contração da demanda agregada para uma dada elevação da taxa de juros. A alta da taxa de juros atua através do efeito substituição no tempo e do efeito riqueza. Os títulos vinculados à taxa básica diária — como as Letras Financeiras do Tesouro (LFTs) — têm efeito substituição como os títulos convencionais, mas o efeito riqueza é praticamente nulo. Uma alta da taxa de juros reduz o valor de mercado do estoque de riqueza financeira. Essa perda de capital na riqueza financeira é proporcional ao prazo médio — mais corretamente à *duration* — do estoque de títulos financeiros da economia. Como os títulos vinculados à taxa básica diária, independentemente de seu prazo de emissão, têm *duration* de um dia, não há perda de capital associada à alta da taxa de juros no estoque de LFTs. Assim sendo, quanto maior for a proporção desses títulos no estoque total de ativos financeiros, menor o efeito riqueza e menor a eficácia da política monetária.

O argumento de que as LFTs enfraquecem a política monetária é, portanto, correto. Elas são títulos de taxas flutuantes de repactuação diária, que reduzem a *duration* do estoque da dívida e, consequentemente, reduzem o efeito riqueza de uma alta da taxa de juros. Não há, entretanto, nas LFTs nenhuma especificidade distorsiva. Apesar de terem sido chamados de títulos de indexação financeira, eles são apenas títulos *floaters* de um dia de *duration*. Os canais de transmissão da política monetária não se resumem ao impacto da taxa de juros sobre o estoque da dívida pública. O fato de que o efeito riqueza sobre uma proporção dela — hoje pouco acima de 20% — seja nulo não parece capaz de por si só explicar a ineficácia da política monetária.

O alongamento da dívida é desejável, tanto como meta de gestão fiscal quanto como fator de melhoria da eficiência da política monetária, mas é um equívoco assumir que o prazo da dívida é curto porque existem LFTS. O sentido da causação é inverso: como não há demanda por dívida longa, a não ser a taxas extraordinariamente altas, as LFTS são uma forma conveniente e menos custosa de emitir dívida. A questão de por que não há poupança financeira de longo prazo continua sem explicação, se não recorrermos a algum tipo de "incerteza da jurisdição".

Hipótese mais plausível para explicar a baixa eficácia da política monetária no Brasil é a de que o mercado de crédito brasileiro tem um segmento importante que não é afetado pela alta da taxa básica de juros controlada pelo Banco Central. O chamado crédito direcionado, que além do crédito habitacional e do crédito rural inclui ainda o BNDES, equivale a 35% do total. Não apenas essa proporção é maior que a participação das LFTS na dívida pública, como seu volume é muito maior que o volume dos títulos de indexação financeira. O crédito direcionado tem taxas subsidiadas não apenas inferiores, mas também independentes dos movimentos da taxa básica do Banco Central. Com uma proporção expressiva do crédito insensível à variação da taxa de juros do Banco Central, parte equivalente do canal de transmissão da política monetária fica obstruído. Aqui, diferentemente do caso das LFTS, não é apenas o efeito riqueza que fica reduzido, mas o impacto integral da alta dos juros que deixa de se fazer sentir.

A armadilha brasileira: insuficiência de poupança com política monetária ineficaz

Não tenho conhecimento de tentativas de estimar os efeitos da indexação financeira e do crédito direcionado na eficácia da política monetária, mas vamos assumir que ela seja, como tudo indica, pouco eficaz. A especificidade brasileira, ainda que suas causas sejam controvertidas, é a combinação da baixa poupança interna com a relativa ineficiência da política monetária.

As implicações podem, mais uma vez, ser observadas com ajuda do modelo keynesiano básico. A especificidade brasileira é: SP é pequena, SPr e Ir são baixos.

Com aumento do gasto do governo, para que a taxa de utilização seja mantida no nível não inflacionário $\hat{u}$ é preciso que haja uma alta da taxa de juros para o ponto 2 no gráfico 4. A ineficiência da política monetária significa que o investimento e a poupança privada são pouco sensíveis à taxa de juros — as funções I e SP são inelásticas em relação a r. No plano (r, e) do gráfico 4, quando há um aumento exógeno da demanda, como o gasto do governo, de $g1$ para $g2$, o deslocamento da IS para cima é maior do que o que ocorreria se a política monetária fosse eficaz. É necessária uma alta expressiva da taxa de juros para restabelecer o equilíbrio a uma mesma taxa de câmbio, como ilustra o ponto 2 no gráfico 4.

A alta taxa de juros no ponto 2 é entretanto incompatível com o equilíbrio externo à taxa de câmbio pré-aumento do gasto de governo $e1$. No ponto 2, o financiamento externo é maior que o déficit externo, $FX > SX$. É justamente a valorização do câmbio decorrente desse excesso de financiamento que levaria ao aumento do déficit, ou seja, de SX até um novo equilíbrio interno e externo no ponto 3.

Se o governo quiser evitar a valorização da moeda é preciso aumentar as restrições ao fluxo de capitais de $d1$ para $d2$, de forma a evitar o deslocamento da *BP* para a direita. Sem restrições adicionais ao financiamento externo, o equilíbrio final seria no ponto 3, com uma combinação de valorização cambial e alta dos juros. Com medidas de restrição à entrada de capitais, $d > 0$, o equilíbrio será em algum ponto sobre a *IS* ($g2$), entre os pontos 2 e 3.

A combinação perversa necessária de alta dos juros e valorização cambial será tão maior quanto mais insensível forem o investimento e a poupança à taxa de juros, ou seja, quanto mais ineficiente for a política monetária. Portanto, quanto mais forte o fator jabuticaba, a especificidade brasileira, mais da combinação perversa de juro alto e câmbio valorizado será necessário.

Gráfico 4

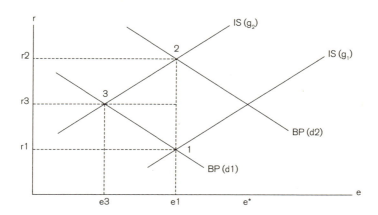

A inelasticidade de *I* e *SP* à taxa de juros exige que para compensar um pequeno aumento exógeno da demanda, como um aumento dos gastos do governo — uma redução de SG —, seja necessário um grande aumento da taxa de juros. A insensibilidade da poupança doméstica privada exige que o equilíbrio seja restabelecido quase que integralmente através do aumento da poupança externa. Dado que a demanda doméstica é pouco sensível ao aumento da taxa de juros, o mecanismo através do qual o equilíbrio é restabelecido é indireto. A elevação da taxa de juros atrai financiamento externo, o que valoriza o câmbio, que aumenta o déficit externo. O canal de transmissão da política monetária é primordialmente por meio de valorização cambial. Esse é o argumento central de Francisco Lopes em "A estabilização incompleta".

Política fiscal poderosa

Se a política monetária é ineficiente, porque a demanda doméstica é inelástica em relação à taxa de juros, o instrumento correto para reduzir a taxa de juros é a política fiscal. Se a poupança privada doméstica é insensível à política monetária, que atua primordialmente de forma indireta ao aumentar a poupança externa, fica evidente que é muito mais eficaz aumentar a poupança doméstica pública. A mesma inelasticidade da poupança privada à taxa de juros, que faz com que o juro tenha de ser extremamente alto para compensar um choque exógeno de demanda, faz com que a política fiscal seja extremamente poderosa. Uma pequena redução dos gastos públicos — um aumento de SG — permite uma grande redução da taxa de juros. Um redução g provoca um grande deslocamento da IS para baixo. A redução do binômio perverso — juro alto, câmbio valorizado — resultante é portanto expressiva.

266

Temos um caso de simetria em relação à armadilha da liquidez keynesiana, onde a política monetária expansionista é incapaz de reduzir a poupança privada. Aqui a política monetária contracionista é incapaz de aumentá-la. Em termos do tradicional modelo keynesiano *IS-LM*, com a capacidade utilizada no eixo horizontal, como no gráfico 5, tem-se uma *LM* horizontal na armadilha da liquidez e quase vertical na armadilha brasileira. Nos dois casos a receita deveria ser a mesma: utilize-se a política fiscal. Observe-se que a política fiscal, deslocamentos da *IS* ao longo da *LM*, tem grande impacto no nível de utilização u e nenhum em r na armadilha da liquidez, mas tem pouco impacto em u e grande impacto em r na armadilha brasileira.

Gráfico 5

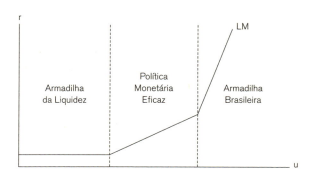

A armadilha da liquidez, um dos mais interessantes e controvertidos conceitos da teoria geral de Keynes, estabelece que há um piso abaixo do qual a taxa de juros não pode cair, independente da expansão da moeda e do crédito. Se a taxa de juros de equilíbrio de pleno emprego estiver abaixo desse piso — e há momentos em que ela pode efetivamente estar —, sendo até mesmo negativa, nem a política monetária expansionista nem a deflação, provocada pela subutilização da capacidade e o desemprego, são capazes de restabelecer o pleno emprego.

Quando a taxa de juros que restabeleceria a plena utilização da capacidade é inferior ao piso factível — como no caso de exigir uma taxa de juros nominal negativa —, só a política fiscal pode reativar a economia. Como demonstrado por Woodford, a compra de ativos financeiros de mais longo prazo por parte do Banco Central, quando a taxa de juros básica está em seu piso — o que hoje se convencionou chamar de "quantitative easing" —, não é capaz por si só de estimular a demanda agregada. Esta é a situação americana de hoje.

No caso brasileiro, onde a demanda agregada privada é pouco sensível à taxa de juros, temos também uma situação de ineficácia da política monetária: a incapacidade de aumentar a poupança e reduzir a demanda através da alta da taxa de juros. Enquanto a situação americana hoje é essencialmente keynesiana, com insuficiência de demanda e incapacidade da política monetária de estimulá-la, a situação brasileira é de excesso de demanda, com incapacidade da política monetária de reduzi-la. Lá a taxa de juros é incapaz de estimular a demanda, aqui ela é incapaz de estimular a poupança.

Nos Estados Unidos, as razões parecem claras: o setor privado foi atropelado pela crise numa situação de excesso de endividamento. Para reduzir o endividamento excessivo, o setor privado contrai as despesas e aumenta a poupança. Como demonstrou Keynes, embora perfeitamente racional do ponto de vista individual, o resultado coletivo é a estagnação abaixo da capacidade da economia. No Brasil, as razões da insensibilidade da poupança privada à taxa de juros não estão de todo claras, mas o fato é que, apesar da mais alta taxa de juros do mundo, a economia continua excessivamente aquecida.

A oportunidade perdida:
o equívoco da resposta à crise

O agravamento da situação brasileira nos últimos anos pode ser atribuído à resposta da política econômica no pós-crise financeira internacional de 2008. Enquanto os países centrais, especialmente aqueles em que a crise foi precedida por uma bolha imobiliária, se viram numa situação de persistente insuficiência de demanda, causada pela tentativa do setor privado de reduzir seu endividamento, o Brasil teve apenas uma abrupta, mas temporária, queda do financiamento externo e das exportações, devido ao colapso internacional do crédito no último trimestre de 2008.

Em termos de nosso modelo, passado o impacto inicial, a partir de 2009, restabelecido o mercado financeiro mundial, a crise para o Brasil pode ser representada por um aumento da poupança externa SX, devido à queda da renda externa y^*. A curva IS do equilíbrio interno se desloca para baixo, pois a uma dada taxa de câmbio a poupança externa é maior, o que exige juros mais baixos para reduzir a poupança interna. Passado um primeiro momento crítico da crise, quando o financiamento externo também se reduziu, levando a curva BP para a direita — o que poderia ter sido compensado pela perda de reservas internacionais —, o resultado do novo ponto de equilíbrio seria como no ponto 3, do gráfico 6 a seguir, uma combinação de câmbio mais desvalorizado e juros mais baixos.

Gráfico 6

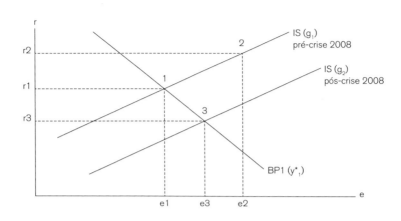

Caso nada houvesse sido feito, restabelecido o financiamento externo, trazendo a curva *BP* de volta para a esquerda, mas com as exportações reduzidas pela queda da demanda nos países centrais, haveria espaço para que a taxa de juros baixasse e o câmbio se desvalorizasse, como ocorre no ponto 3.

Ocorre que a reação da política econômica brasileira foi a de se comportar como se a crise ameaçasse deixar o Brasil numa situação semelhante à dos países centrais, onde houve uma permanente redução da demanda, ou aumento da poupança privada interna. Como se houvesse risco de uma situação de estagnação keynesiana, o Brasil reagiu à crise com uma política fiscal agressiva de aumento dos gastos públicos, principalmente através do aumento dos gastos correntes do governo.

O aumento dos gastos públicos desloca a curva *IS* de volta para cima, contrabalançando seu deslocamento decorrente do aumento do déficit externo. Ou seja, a redução da poupança pública compensa o aumento da poupança externa.

Desaparece assim o espaço para a redução da taxa de juros e para a desvalorização da moeda, que havia sido criada pela queda da demanda externa.

A crise de 2008 abriu uma extraordinária oportunidade para que o Brasil, aprisionado num equilíbrio com alta taxa de juros e câmbio supervalorizado, pudesse reverter a situação para um novo equilíbrio com juros mais baixos e câmbio menos valorizado. É sempre difícil conseguir desvalorizações reais de câmbio, pois grande parte da desvalorização nominal termina por ser corroída pela pressão inflacionária da desvalorização. Quando há um hiato, como o período imediatamente depois da crise, no qual o aumento da poupança externa abre espaço para a desvalorização, sem causar pressões inflacionárias, a oportunidade não pode ser desperdiçada.

Ao invés de adotar uma política monetária agressivamente expansionista, reduzir os juros e sacramentar uma taxa de câmbio mais desvalorizada — como fez por exemplo o México, que hoje se encontra numa situação de competitividade internacional muito favorável —, o Brasil resolveu adotar uma política fiscal expansionista e aumentar os gastos correntes do governo. O resultado em nosso modelo pode ser ilustrado como uma volta ao ponto 1 do gráfico 6. A curva *IS* regride para sua posição inicial pré-crise, no qual o aumento do gasto público — ou a menor poupança do governo — compensa o aumento da poupança externa.

Caso o governo não tivesse aumentado seus gastos, numa pretensa e equivocada reação "keynesiana", passado o susto inicial da interrupção do financiamento externo — que teria nos levado ao ponto 2, com juros ainda mais altos que na pré--crise e câmbio desvalorizado —, a economia brasileira teria ido para o ponto 3. O novo equilíbrio teria juros mais baixos e câmbio mais desvalorizado que o do ponto 1 pré-crise. Teríamos aproveitado a crise para escapar da armadilha brasileira, do binômio juro alto, câmbio sobrevalorizado.

Como houve aumento dos gastos do governo, à medida que a economia mundial se recupera as exportações voltam a crescer, a poupança externa se reduz e a *IS* se desloca para cima. Para evitar que a inflação se acelere é preciso aumentar a poupança doméstica ou aceitar nova taxa do juro e a valorização cambial para aumentar a poupança externa.

A armadilha com inflação

Para analisar a situação de hoje, em que a pressão inflacionária reaparece, tomemos o tradicional plano (r, u) da análise keynesiana, no gráfico 7.

A vertical sobre o ponto $\hat{u}$ é dada por $u = \hat{u}$, logo $P = P(-1)$, a inflação é estável. O equilíbrio interno é dado pela reta *IS*, derivada da equação (1), cuja inclinação é dada por:

$$dr/du = (SPu + SGu)/ Ir$$

que é negativa e tão mais inclinada quanto menor for *Ir*, ou seja, a sensibilidade do investimento doméstico à taxa de juros, que no Brasil sabemos ser baixa. O equilíbrio externo é dado pela reta *BP*, derivada da equação (2), que iguala o financiamento externo à insuficiência de poupança doméstica:

$$FX(r,d) = I(r) - (SP(u) + SG(u,g))$$

cuja inclinação é dada por

$$dr/du = - (SPu + SGu) / (FXr - Ir)$$

A ARMADILHA BRASILEIRA

que é negativa e tão menos inclinada quando maior a sensibilidade do financiamento externo e da poupança doméstica à taxa de juros. Dado que a percepção externa do Brasil é hoje muito favorável, FXr é alto e a curva BP é menos inclinada que a IS.

Enquanto a demanda externa esteve contraída pela crise, apesar do aumento dos gastos do governo, foi possível manter o equilíbrio interno e externo não inflacionário do ponto 1. A recuperação da economia mundial deslocou a IS para a posição da IS', já que o maior gasto do governo não foi revertido. Existem duas formas possíveis de restabelecer o equilíbrio. A primeira é elevar a taxa de juros para $r3$ e permitir que a valorização do câmbio desloque a BP para a direita até o novo equilíbrio no ponto 2. Esta é a alternativa radical de levar a política de juros a ferro e fogo e aceitar o agravamento da sobrevalorização cambial. Como discutimos antes, não nos parece nem aceitável nem sustentável a mais longo prazo. A segunda é aceitar a aceleração inflacionária e ir para o ponto 3, com menor juro real e mais poupança doméstica. Dada a experiência traumática da inflação crônica no Brasil, esta também não é uma alternativa politicamente aceitável. Estaríamos de volta ao uso da poupança forçada através da inflação, para financiar o excesso de investimentos e de gastos públicos, que caracterizou a economia brasileira na segunda metade do século xx.

Espremido entre duas alternativas que lhe parecem inaceitáveis, o governo optou por um meio-termo: um pouco mais de inflação e de juros, como no ponto 4. Ocorre que no ponto 4, dada a taxa de câmbio, o financiamento externo é maior que a necessidade de poupança externa. Estamos acima da curva BP para uma dada taxa de câmbio $ê$. O excesso de financiamento externo provocaria a valorização do câmbio e o correspondente deslocamento da curva *BP*, até que o equilíbrio interno e externo fosse ali restabelecido. A valorização do câmbio necessária para levar o equilíbrio para o ponto 4 parece, entretanto, inaceitável para o governo, que resolveu determinar um piso para o dólar, através da intervenção do Banco Central no mercado de câmbio.

A intervenção do Banco Central impede que a curva *BP* se desloque para cima. Com o câmbio fixo num piso determinado pelo Banco Central, o ponto 4, no gráfico 7, é um equilíbrio interno entre oferta e demanda, pois temos $SX = I - (SP + SG)$, mas o financiamento externo é superior à poupança externa, pois $FX > FX$. O resultado é que o Banco Central tem de intervir sistematicamente e não para de acumular reservas. Como é a conta de financiamentos externos que aparece como a fonte do problema, a tentação é criar barreiras à entrada de capitais, rotulados de especulativos.

Gráfico 7

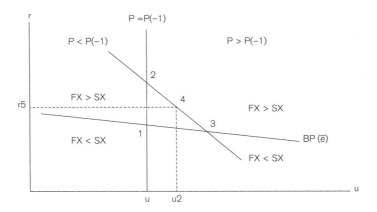

Fica claro que o problema não é o excesso de financiamento externo, mas sim a insuficiência de poupança doméstica, que exige que se recorra à poupança externa. Contudo, para viabilizar o uso da poupança externa é preciso aceitar a valorização do câmbio, a queda das exportações e o aumento das importações, pois o déficit comercial é o outro nome da poupança externa. Como chamou atenção Francisco Lopes, dada a pouca sensibilidade da demanda interna à taxa de juros, o efeito da política monetária é primordialmente indireto, via valorização cambial e aumento da poupança externa. Ao impedir que o câmbio se aprecie, o governo bloqueia o principal canal de atuação de sua política monetária restritiva. Não viabiliza o aumento da poupança externa, mantém a economia acima da utilização não inflacionária $\hat{u}$ e faz com que a alta do juro atraia mais financiamento externo que o necessário, como no ponto 4 do gráfico 7, com a *BP* imobilizada em sua posição original pela intervenção para impedir a valorização do câmbio além de $\hat{e}$.

Deveria ser evidente que, se o principal canal de atuação da política monetária é pelo aumento da poupança externa — via câmbio —, não faz sentido utilizar a política de juros para conter o aquecimento da economia, quando não se está disposto a aceitar a valorização cambial e o aumento do déficit externo. O resultado é unicamente o excesso de financiamento externo e o acúmulo de reservas, que, dada a diferença entre os juros internos e externos, são fiscalmente onerosas e agravam o problema.

Nova resposta para a velha incompatibilidade distributiva

O Brasil poupa pouco. É fato. O que está por trás dessa baixa poupança não é de todo claro. Provavelmente uma série de razões, que vão desde as sociológicas, como o fato de que uma grande parcela da população continua na linha de pobreza e tem necessidades prementes de consumo, até as psicológicas, associadas ao trauma da inflação crônica das últimas décadas do século passado. A baixa poupança privada é incompatível com as ambiciosas aspirações de gastos e investimentos públicos. O resultado dessa incompatibilidade é que é preciso recorrer à poupança forçada — através da inflação — ou à poupança externa — através do déficit externo. As duas alternativas são insustentáveis a longo prazo e sempre terminam em crises.

A curto prazo, assim como na segunda metade do século xx foi possível recorrer à inflação para transferir renda para o governo, hoje ainda é possível recorrer a uma combinação de política monetária restritiva — para deprimir a demanda privada — e câmbio sobrevalorizado — para viabilizar o acesso à poupança externa — e abrir espaço para o gasto público. Uma vez superada a inflação crônica, o recurso à poupança externa, através do binômio juros altos e câmbio sobrevalorizado, foi a alternativa adotada. Substituiu-se a inflação e a poupança forçada pelo juro alto com câmbio valorizado e a poupança externa. Trata-se de uma nova resposta para a velha incompatibilidade distributiva de um país cujo setor público pretende gastar mais do que o setor privado poupa.

Assim como a solução inflacionária, a partir de certo ponto, a solução da política monetária restritiva também se torna disfuncional. A disfuncionalidade da política monetária restritiva pode ser avaliada através de dois componentes. O primeiro é a desconfiança em relação à poupança financeira doméstica de longo prazo, chame-se de "incerteza da jurisdição", de viés, de memória ou de trauma inflacionário. Qualquer que seja a denominação, está claro hoje que essa desconfiança, desenvolvida no período da inflação crônica e nunca integralmente

A ARMADILHA BRASILEIRA

superada, está de volta. Esta é a razão da baixa sensibilidade da poupança privada à taxa de juros e da ineficácia da política monetária. O segundo componente de disfuncionalidade da política monetária restritiva é a queda do grau de atratividade do país para os investidores internacionais. Quando isso ocorre, o financiamento externo desaparece e o déficit, associado à utilização da poupança externa, se torna não financiável. Ainda não chegamos lá, como atesta a inundação de financiamento externo que o governo, de forma cada dia mais canhestra, se esforça para controlar, mas já há sinais de que a confiança externa está em queda.

Só há uma solução de longo prazo: resolver a incompatibilidade distributiva, que está na raiz da instabilidade macroeconômica brasileira, desde o esforço desenvolvimentista da segunda metade do século xx, através do desenvolvimento de estímulos à poupança privada e da redução dos gastos públicos. É preciso, sobretudo, ter um diagnóstico claro da armadilha brasileira, para evitar a adoção de políticas equivocadas que agravam o problema e levam à perda de oportunidades, como a aberta pela crise externa de 2008.*

---

* Agradeço a provocação intelectual de Francisco Lopes e os comentários de Edmar Bacha.

AGRADECIMENTOS

A minha mulher Beatriz e a minha amiga Célia de Gouvêa Franco, que entendem antes de analisar;

A Edmar Bacha, revisor intelectual cristalino;

E a Ignacio Gerber, mestre da esquecida arte de ouvir.

NOTAS

I. Os limites do possível

1. O DESAFIO DE NOSSO TEMPO [pp. 23-34]

p. 25: Para o livro de Richard Wilkinson e Kate Pickett: PICKETT, Kate; WIL-KINSON, Richard. *The Spirit Level*. Londres: Penguin, 2010.

2. LIMITES ANACRÔNICOS: GOVERNANÇA GLOBAL E DEMOCRACIA [pp. 35-41]

p. 38: Para o livro de Dani Rodrik: RODRIK, Dani. *The Globalization Paradox*. Nova York: W.W. Norton, 2011.

4. BEM-ESTAR E *HUBRIS* [pp. 49-59]

p. 49: Para o livro de Pankaj Mishra: MISHRA, Pankaj. *An End to Suffering*. Londres: Picador, 2004.

p. 50: Para o livro de Richard Wilkinson e Kate Pickett: PICKETT, Kate; WIL-KINSON, Richard. *The Spirit Level*. Londres: Penguin, 2010.

p. 52: Para o livro de Daniel Kahneman: KAHNEMAN, Daniel. *Rápido e devagar: duas formas de pensar*. Rio de Janeiro: Objetiva, 2012.

p. 57: Para o livro de Richard H. Thaler e Cass R. Sunstein: SUSTEIN, Cass R.; THALER, Richard H. *Nudge: O empurrão para a escolha certa*. Rio de Janeiro: Campus, 2008.

5. ATALHOS PERIGOSOS [pp. 61-70]

p. 63: Para o livro de Daniel Kahneman: KAHNEMAN, Daniel. *Rápido e devagar: duas formas de pensar*. Rio de Janeiro: Objetiva, 2012.

OS LIMITES DO POSSÍVEL

p. 64: Para o livro de Walter Lippmann: LIPPMANN, Walter. *Opinião pública*. Petrópolis: Vozes, 2008.

p. 68: Para o livro de John Dewey: DEWEY, John. *The Public and its Problems*. Athens: Swallow, 1954.

6. OS RUMOS DO CAPITALISMO [pp. 71-83]

p. 82: Para o livro de Robert e Edward Skidelsky: SKIDELSKY, Edward; SKIDELSKY, Robert. *How Much is Enough?: Money and the Good Life*. Nova York: Other, 2012.

p. 82: Para o livro de Michael Sandel: SANDEL, Michael J. *O que o dinheiro não compra: Os limites morais do mercado*. Rio de Janeiro: Civilização Brasileira, 2012.

7. A PROPÓSITO DO OTIMISMO [pp. 85-96]

p. 85: Para o livro de Matt Ridley: RIDLEY, Matt. *The Rational Optimist: How Prosperity Evolves*. Londres: Fourth Estate, 2011.

p. 86: Para o livro de Daniel Kahneman: KAHNEMAN, Daniel. *Rápido e devagar: duas formas de pensar*. Rio de Janeiro: Objetiva, 2012.

p. 87: Para o livro de Michael Sandel: SANDEL, Michael J. *O que o dinheiro não compra: Os limites morais do mercado*. Rio de Janeiro: Civilização Brasileira, 2012.

p. 87: Para o livro de Matt Ridley: RIDLEY, Matt. *The Rational Optimist: How Prosperity Evolves*. Londres: Fourth Estate, 2011.

p. 92: Para o livro de John Gray: GRAY, John. *Cachorros de palha*. Rio de Janeiro: Record, 2005.

p. 92: Para a sátira de Voltaire sobre otimismo: VOLTAIRE. *Cândido, ou o Otimismo*. São Paulo: Penguin-Companhia, 2012.

p. 92: Para a opinião de Schopenhauer sobre otimismo: SCHOPENHAUER, Arthur. *O mundo como vontade e representação*. São Paulo: Unesp, 2005.

p. 93: Para o livro de Zweig sobre a cumulatividade do conhecimento e a não cumulatividade da vida humana: ZWEIG, Stefan. *O mundo de ontem: Recordações de um europeu*. Porto: Assírio & Alvim, 2005.

p. 93: Para o elogio de Zweig ao Brasil: ZWEIG, Stefan. *Brasil, um país do futuro*. Porto Alegre: L&PM, 2006.

p. 94: Para o livro de Tony Judt sobre a barbárie do século XX: JUDT, Tony. *Pós-guerra: uma história da Europa desde 1945*. Rio de Janeiro: Objetiva, 2008.

NOTAS

8. ALÉM DA CONJUNTURA [pp. 97-113]

p. 97: Para o estudo de Robert J. Gordon sobre o crescimento da economia
americana: GORDON, Robert J. "Is U.S. Economic Growth Over? Faltering
Innovation Confronts the Six Headwinds". Artigo acadêmico 18315. Cambridge: National Bureau of Economic Research, ago. 2012. Disponível
em: <http://www.nber.org/papers/w18315.pdf?new_window=1>. Acesso
em: 9 jan. 2013.

p. 107: Para o ensaio de Keynes sobre por que enriquecer: KEYNES, John
Maynard. *Revisiting Keynes: Economic Possibilities for Our Grandchildren*. Boston: The MIT Press, 2010.

p. 108: Para o livro de Robert e Edward Skidelsky: SKIDELSKY, Edward; SKI-
DELSKY, Robert. *How Much is Enough? Money and the Good Life*. Nova
York: Other, 2012.

p. 111: Para o marco introdutório do ambientalismo, de Rachel Carlson: CARL-
SON, Rachel. *Primavera silenciosa*. São Paulo: Gaia, 2010.

p. 111: Para o livro de Alasdair McIntyre sobre os estilhaços de sistemas éticos:
MCINTYRE, Alasdair C. *Depois da virtude*. Bauru: Edusc, 2004.

II. A crise financeira de 2008

9. EM PLENA CRISE: UMA TENTATIVA DE RECOMPOSIÇÃO ANALÍTICA
[pp. 117-141]

p. 118: Para o comentário de Paul Krugman sobre como a crise econômica
de 2008 é diferente e também igual a todas as outras: KRUGMAN, Paul R.
The Return of Depression Economics. Nova York: W. W. Norton, 2008.

p. 130: Para o discurso de Bernanke sobre os riscos da deflação: BERNANKE,
Ben S. "Deflation: Making Sure It Doesn't Happen Here", nov. 2002.
Disponível em: <http://www.federalreserve.gov/boarddocs/spee-
ches/2002/20021121/default.htm>. Acesso em: 9 jan. 2013.

p. 130: Para o artigo técnico de Bernanke sobre as alternativas da política monetária quando a taxa nominal de juros se aproxima de zero: BERNANKE,
Ben S.; REINHART, Vincent R.; SACK, Brian P. "Monetary Policy Alterna-
tives at the Zero Bound: An Empirical Assessment"; Finance and Economics Discussion Series. Washington D.C.: Divisions of Research & Statis-
tics and Monetary Affairs, Federal Reserve Board, 2004. Disponível em:

OS LIMITES DO POSSÍVEL

<http://www.federalreserve.gov/pubs/feds/2004/200448/200448pap.
pdf>. Acesso em: 09 jan. 2013.

p. 135: Para o porquê de a questão da deflação não ser trivial aos economistas
de hoje: BUITER, Willem. "Confessions of a Crass Keynesian", dez. 2008.
Disponível em: <http://blogs.ft.com/maverecon/2008/12/confessions-of-
-a-crass-keynesian/#axzz2HVAa5oeg>. Acesso em: 9 jan. 2013.

10. ALÉM DA CRISE: MACRODESEQUILÍBRIO, CREDIBILIDADE E MOEDA RESERVA
[pp. 143-164]

p. 150: Para o argumento de que desenho da regulamentação do sistema
financeiro, promovido de forma apressada para sanear a irresponsabilidade, corre o risco de ser excessivamente repressor e voltado para impedir
erros já incorridos: LARA RESENDE, André. "A crise e o desenho do sistema
financeiro". In: BACHA, Edmar L.; GOLFAJN, Ilan (Orgs.). *Como reagir à
crise*. Rio de Janeiro: Imago, 2009.

p. 154: Para os ensaios de Keynes que contêm esboços da teoria geral de
1936: KEYNES, John M. *Essays in Persuasion*. Londres: Macmillan, 1931.

p. 155: Para a análise de Fischer sobre períodos depressivos, quando o endi-
vidamento excessivo e a deflação são dominantes: FISHER, Irving. "The
Debt-Deflation Theory of Great Depressions". In: *Econometrica*, Nova
York: The Econometric Society, 1933, v. 1, pp. 337.

p. 156: Para o discurso de Bernanke sobre como a melhor maneira de sair
da deflação é não entrar nela: BERNANKE, Ben S. "Deflation: Making
Sure It Doesn't Happen Here", nov. 2002. Disponível em: <http://www.
federalreserve.gov/boarddocs/speeches/2002/20021121/default.htm>.
Acesso em: 9 jan. 2013.

p. 157: Para uma análise da instabilidade especulativa inerente à economia:
MINSKY, Hyman P. *Stabilizing an Unstable Economy*. Nova York: Mc-
Graw-Hill Professional, 1986.

p. 158: Para a tese de Milton Friedman e Anna Schwartz sobre como a política
monetária expansiva é capaz de evitar o colapso da economia: FRIEDMAN,
Milton; SCHWARTZ, Anna Jacobon. *A Monetary History of the United
States, 1867-1960*. Princeton: Princeton University Press, 1971.

p. 162: Para o artigo de Zhou Xiaochuan sobre moeda reserva: XIAOCHUAN,
Zhou. "Reform the International Monetary System", mar. 2009. Disponível
em: <http://www.bis.org/review/r090402c.pdf>. Acesso em: 9 jan. 2013.

284

NOTAS

13. OS NOVOS LIMITES DO POSSÍVEL [pp. 185-196]

p. 186: Para o livro de Liaquat Ahamed: AHAMED, Liaquat. *Lord of Finance: The Bankers Who Broke the World*. Nova York: Penguin, 2009.

p. 192: Para o livro de Paul Gilding: GILDING, Paul. *The Great Disruption: Why the Climate Crisis Will Bring On the End of Shopping and the Birth of a New World*. Nova York: Bloomsbury, 2011.

p. 194: Para o trabalho pioneiro de Jorgen Randers sobre os limites do crescimento: MEADOWS, Donella H.; MEADOWS, Dennis L.; RANDERS, Jorgen; BEHRENS III, William W. "The Limits to Growth". Nova York: New American Library, 1972.

p. 194: Para o artigo de Graham Turner que valida as conclusões de Jorgen Randers: TURNER, Graham. "A Comparison of the Limits to Growth with Thirty Years of Reality". In: *Socio-Economics and the Environment in Discussion*, CSIRO Working Paper Series, 2008-9. Disponível em: <http://www.csiro.au/files/files/plje.pdf>. Acesso em: 9 jan. 2013.

14. NOVA REALIDADE, VELHAS QUESTÕES [pp. 197-214]

p. 207: Para o livro de Reinhart e Rogoff: REINHART, Carmen R.; ROGOFF, Kenneth. *This Time is Different: Eight Centuries of Financial Folly*. Princeton: Princeton University Press, 2011.

III. A jabuticaba brasileira: inflação e taxa de juros

15. EM DEFESA DOS TÍTULOS DE INDEXAÇÃO FINANCEIRA [pp. 217-228]

p. 225: Para a tese sobre como a incerteza da jurisdição brasileira justifica baixa poupança privada e sua inelasticidade à taxa de juros: ARIDA, Pérsio; BACHA; Edmar; LARA RESENDE, André. "High Interest Rates in Brazil: Conjectures on the Jurisdictional Uncertainty". In: *Inflation Targeting and Debt: The Case of Brazil*. Boston: MIT Press, 2005.

16. UM LONGO CAMINHO A PERCORRER [pp. 229-239]

p. 230: Para o livro de Huberman: HUBERMAN, Leo. *História da riqueza do homem*. Rio de Janeiro: LTC, 2011.

OS LIMITES DO POSSÍVEL

p. 235: Para o livro de Héctor Aguilar Camín: CAMÍN, Héctor Aguilar. *México: a cinza e a semente*. São Paulo: Bei, 2002.

p. 235: Para o livro de Marcos Aguinis: AGUINIS, Marcos. *O atroz encanto de ser argentino*. São Paulo: Bei, 2002.

p. 235: Para o ensaio de Octavio Paz: PAZ, Octavio. *O labirinto da solidão*. São Paulo: Paz e Terra, 2006.

p. 236: Para a obra de Gilberto Freyre sobre o Brasil: FREYRE, Gilberto. *Casa--grande e senzala*. São Paulo: Global, 2006.

p. 238: Para o ensaio de Ortega y Gasset: ORTEGA Y GASSET, José. *A rebelião das massas*. São Paulo: Martins Fontes, 2002.

17. A TAXA DE JUROS NO BRASIL: EQUÍVOCO OU JABUTICABA?
[pp. 241-250]

p. 242: Para o caráter essencialmente distinto da inflação brasileira do último quarto do século XX: LARA RESENDE, André. "Da inflação crônica à hiperinflação: Observações sobre o quadro atual". In: *Revista de Economia Política*, Rio de Janeiro, v. 9, n. 1, pp. 7-20, 1989.

p. 243: Para o argumento de que a incerteza da jurisdição brasileira é uma especificidade que provoca a alta taxa de juros: ARIDA, Pérsio; BACHA; Edmar; LARA RESENDE, André. "High Interest Rates in Brazil: Conjectures on the Jurisdictional Uncertainty". In: *Inflation Targeting and Debt: The Case of Brazil*. Boston: MIT Press, 2005.

p. 243: Para a hipótese de Blanchard de que a política de juros altos provoca a necessidade de juros altos: BLANCHARD, Olivier. "Fiscal Dominance and Inflation Targeting: Lessons from Brazil". In: *Inflation Targeting and Debt: The Brazilian Case*. Boston: MIT Press, 2005.

p. 244: Para as tentativas infrutíferas de mensuração da incerteza jurisdicional: GONÇALVES, Fernando M.; HOLLAND, Márcio; SPACOV, Andrei D. "Can Jurisdictional Uncertainty and Capital Controls Explain the High Level of Real Interest Rates in Brazil? Evidence from Panel Data". In: *Revista Brasileira de Economia*, Rio de Janeiro, v. 61, n. 1, pp. 49-75, 2007.

p. 249: Para o argumento de que a existência de financiamento externo só alivia a restrição de poupança interna para o financiamento público se a moeda puder flutuar livremente e não houver intervenção para evitar sua valorização: FRAGA, Armínio; LARA RESENDE, André. "Déficit, dívida e ajustamento: uma nota sobre o caso brasileiro". In: *Revista de Economia Política*, Rio de Janeiro, v. 5, n. 4, pp. 57-66, 1985.

NOTAS

18. A ARMADILHA BRASILEIRA [pp. 251-277]

p. 258: Para a tese sobre como a incerteza da jurisdição brasileira justifica baixa poupança privada e sua inelasticidade à taxa de juros: ARIDA, Pérsio; BACHA; Edmar; LARA RESENDE, André. "High Interest Rates in Brazil: Conjectures on the Jurisdictional Uncertainty". In: *Inflation Targeting and Debt: The Case of Brazil*. Boston: MIT Press, 2005.

p. 258: Para a tese de Francisco Lopes acerca da especificidade da taxa de juros brasileira: LOPES, Francisco. "Juros, câmbio e acumulação de reservas". Mimeo, 2011.

p. 259: Sobre a discordância de Edmar Bacha da tese de Francisco Lopes sobre o viés inflacionário: correspondência pessoal, 2011.

p. 260: Para o gráfico 3: BACHA, Edmar; BONELLI, Regis. "Crescimento brasileiro revisitado". Texto apresentado para Discussão n. 22 no Instituto de Estudos de Política Econômica (Iepe), Casa das Garças/ CdG, Rio de Janeiro, abr. 2012.

p. 262: Para a tese de que as Letras Financeiras do Tesouro (LFTS) são uma forma conveniente e menos custosa de emitir dívida: LARA RESENDE, André. "Em defesa dos títulos de indexação financeira". Texto apresentado em seminário sobre Letras Financeiras do Tesouro (LFTS) realizado na Casa das Garças, 23 nov. 2002. Publicado em BACHA, Edmar Lisboa; OLIVEIRA FILHO, Luiz Chrysostomo (Orgs.). *Mercado de Capitais e dívida pública: Tributação, indexação e alongamento*. Rio de Janeiro: Contra Capa, 2005.

p. 263: Para "hipótese mais plausível para explicar a baixa eficácia da política monetária no Brasil": BACHA, Edmar. "Além da tríade: como reduzir os juros?". In: BACHA, Edmar; BOLLE, Monica de (Orgs.) *Novos dilemas da política econômica*. São Paulo: LTC, 2011.

p. 265: Para o argumento de Francisco Lopes de que o canal de transmissão da política monetária ocorre primordialmente por meio da valorização cambial: LOPES, Francisco. "A estabilização incompleta". In: BACHA, Edmar; BOLLE, Monica de (Orgs.). *Novos dilemas da política econômica*. São Paulo: LTC, 2011.

p. 268: Para o artigo acadêmico de Woodford sobre a compra de ativos financeiros de mais longo prazo pelo Banco Central: EGGERTSSON, Gauti B.; WOODFORD, Michael. "The Zero Bound on Interest Rates and Optimal Monetary Policy". In: Brookings Papers on Economic Activity, v. 34, pp. 139-211. Washington: Brookings Institution, 2003.

TIPOLOGIA Miller e Akzidenz
DIAGRAMAÇÃO Mateus Valadares
PAPEL Pólen Soft
IMPRESSÃO Geográfica, junho de 2013

A marca FSC® é a garantia de que a madeira utilizada na fabricação do papel deste livro provém de florestas que foram gerenciadas de maneira ambientalmente correta, socialmente justa e economicamente viável, além de outras fontes de origem controlada.